NOSSA LUZ INTERIOR

O verdadeiro significado da meditação

Dados Internacionais de Catalogação na Publicação (CIP)
(Câmara Brasileira do Livro, SP, Brasil)

Krishnamurti J.
 Nossa luz interior : O verdadeiro significado da meditação / J. Krishnamurti ;
[tradução Ruth Rejtman]. – São Paulo: Ágora, 2000.

 Título original: This light in oneself.
 Bibliografia
 ISBN 978-85-7183-717-1

 1. Meditação II Título.

00-1339   CDD-291.43

Índice para catálogo sistemático:
1. Meditação : Religião comparada   291.43

Compre em lugar de fotocopiar.
Cada real que você dá por um livro recompensa seus autores
e os convida a produzir mais sobre o tema;
incentiva seus editores a encomendar, traduzir e publicar
outras obras sobre o assunto;
e paga aos livreiros por estocar e levar até você livros
para a sua informação e o se entretenimento.
Cada real que você dá pela fotocópia não autorizada de um livro
financia um crime
e ajuda a matar a produção intelectual de seu país.

NOSSA LUZ INTERIOR

O verdadeiro significado da meditação

J. Krishnamurti

EDITORA
ÁGORA

Do original em língua inglesa
THE LIGHT IN ONESELF
Copyright © 1999 by Krishnamurti Foundation Trust Ltd. por acordo com
Shambala Publications, Inc., P. O. Box 308, Boston, MA, 02117.
Direitos desta tradução adquiridos por Summus Editorial

Tradução: **Ruth Rejtman**
Capa: **Neide Sequeira**
Foto: **Peter D'Aprix**
Editoração eletrônica: **Join Bureau**

Editora Ágora
Departamento editorial
Rua Itapirucu, 613 – 7º andar
05006-000 – São Paulo – SP
Fone: (11) 3872-3322
http://www.editoraagora.com.br
e-mail: agora@editoraagora.com.br

Atendimento ao consumidor
Summus Editorial
Fone: (11) 3865-9890

Vendas por atacado
Fone: (11) 3873-8638
email: vendas@summus.com.br

Impresso no Brasil

Sumário

Prefácio 7

Uma nova consciência 9

O milagre da atenção 11

Vivendo com bondade 16

Nossa luz interior 20

Explore a verdade 26

A beleza da virtude 28

A soma de toda a energia 31

O eterno e atemporal sagrado 34

O que é a criação? 41

Viver sem a ação da vontade 46

Harmonia entre o conhecido e o desconhecido 54

Uma vida sagrada 60

Observação a partir de uma mente silenciosa 65

A iluminação não é um lugar fixo 70

O fim da busca 77

A observação pura 82

A luz não pode ser acesa pelo outro 89

A dimensão que o pensamento não alcança 98

Fontes 107

Prefácio

COM A APROXIMAÇÃO daquilo que a maioria dos ocidentais resolveu chamar de segundo milênio, e entre inúmeros planos para sua celebração, observamos os espantosos avanços da ciência, da medicina, da tecnologia, o acesso a informações e ao conhecimento – e também guerras, miséria, fome, corrupção política e religiosa, tumultos, deterioração do meio ambiente, terrorismo e uma grande tristeza mesmo entre pessoas abastadas. Durante séculos, olhamos para fora, para os especialistas que acumularam e manipularam informações incrivelmente complexas, para os consultores, terapeutas, "educadores" e líderes religiosos, com a esperança de que eles resolvessem as nossas violentas revoltas pessoais e sociais. Entretanto, problemas fundamentais como medo, conflitos, relacionamentos e falta de sentido na vida ainda permanecem.

Nos muitos anos em que Krishnamurti conversou com pessoas de todos os níveis sociais e fez palestras a grandes audiências em todo o mundo, falou sobre a necessidade de olharmos para dentro, para que conhecêssemos a nós mesmos se quiséssemos compreender o indivíduo e, por conseguinte, os conflitos profundamente enraizados da sociedade, porque "nós somos o mundo"; nosso caos particular origina a desordem total.

As páginas a seguir, extraídas de palestras não publicadas, oferecem infinitas percepções de Krishnamurti a respeito de onde podemos encontrar a fonte da verdadeira liberdade, da sabedoria e da bondade do ser humano.

Ray McCoy
Krishnamurti Foundation Trust

Uma nova consciência

UMA CONSCIÊNCIA e uma moralidade totalmente novas são necessárias para realizar uma mudança radical na cultura de hoje e na estrutura social. Isto é evidente, embora a esquerda, a direita e os revolucionários pareçam desconsiderar esse fato. Qualquer dogma, qualquer fórmula, qualquer ideologia é parte da antiga consciência; são invencionices do pensamento cuja atividade está fragmentada – a esquerda, a direita e o centro. Esta atividade irá conduzir inevitavelmente ao derramamento de sangue dos da esquerda, da direita ou do totalitarismo. É o que vem acontecendo à nossa volta. Percebemos a necessidade de uma mudança social, econômica e moral, porém a resposta nos vem da antiga consciência, sendo a reflexão a personagem principal. A balbúrdia, a confusão e o sofrimento pelos quais o ser humano está passando encontram-se na dimensão da antiga consciência, e sem uma mudança profunda, qualquer atividade humana, seja política, econômica ou religiosa, só nos conduzirá à nossa própria destruição e à da Terra. Isto é obviamente claro.

Temos de ser nossa própria luz; esta luz é a lei. Não existe outra lei. Todas as outras leis são produto do pensamento e, portanto, fragmentadas e contraditórias. Ser nossa própria luz não é seguir a luz de outrem, por mais racional, lógica, interessante e até convincente que possa ser. Não podemos ser nossa própria luz se estamos nas trevas da autoridade, do dogma e da decisão. A moralidade não se origina no pensamento; não é resultado da pressão do meio ambiente, não é uma tradição. A moralidade é filha do amor, e o amor não é desejo nem gozo. O prazer sexual ou sensorial não é amor.

Liberdade é sermos nossa própria luz; então, não é algo abstrato, algo que surge do pensamento como que por encanto. A verdadeira liberdade é ser livre da dependência, do apego, do anseio pela experiência. Ser livre da própria estrutura do pensamento é sermos nossa própria luz. Nessa luz toda, a ação se realiza e, assim, não se torna contraditória. A contradição só existe quando a luz está separada da ação, quando a personagem está separada da ação. O ideal, o princípio, é movimento estéril do pensamento e não pode coexistir com a luz, pois um é a negação do outro. Essa luz e esse amor não podem estar onde se encontra o observador. A estrutura do observador é produto do pensamento, que nunca é novo, nunca é livre. Não há nenhum "como", nenhum sistema, nenhuma experiência. Existe apenas a observação do que está sendo feito. Temos de ver por nós mesmos, não através dos olhos do outro. Esta luz e esta lei não são suas nem de ninguém. Só há uma luz. Isto é o amor.

O milagre da atenção

SERÁ QUE poderemos renunciar a todas as idéias, conceitos e teorias e descobrir por nós mesmos se existe alguma coisa sagrada – não a palavra, porque a palavra não é a coisa, como a descrição não é o descrito –, ver se existe alguma coisa real, não imaginária, ilusória ou fantástica; não um mito, mas uma realidade que não pode jamais ser destruída, uma verdade permanente?

Para descobrirmos, para reconhecermos isso, toda a autoridade, de qualquer espécie, principalmente a espiritual, tem de ser posta de lado, porque autoridade implica conformismo, obediência e aceitação de determinados padrões. A mente precisa ser capaz de manter-se sozinha, de ser sua própria luz. Seguir os outros, pertencer a grupos, seguir métodos de meditação ditados por uma autoridade ou pela tradição é totalmente irrelevante para aquele que investiga o fato de haver ou não a eternidade, algo que não é mensurável pelo pensamento, que opera em nossa vida diária. Se não faz parte da nossa vida diária, então a meditação é uma fuga, e absolutamente inútil. Isto tudo significa que temos de nos manter sozinhos. Existe uma diferença entre isolamento e solidão, entre estar só e ser capaz de ficar consigo mesmo, na mais absoluta clareza, sem qualquer contaminação.

Estamos relacionados com todos os aspectos da vida, não com um segmento, com apenas um fragmento dela, mas com tudo o que fazemos, pensamos, sentimos e como atuamos. E como estamos relacionados com todos os aspectos da vida, não podemos de maneira alguma pegar um fragmento, que é um pensamento, e por meio dele resolver todos os nossos problemas. O pensamento pode dar autoridade a si mesmo, a fim de reunir todos os outros fragmentos, mas foi o pensamento que criou esses fragmentos. Estamos condicionados a pensar em termos de progresso, de realizações gradativas. As pessoas pensam em desenvolvimento psicológico, mas será que existe algo como psicologicamente "eu", realizando qualquer outra coisa que não seja a projeção de um pensamento? Para descobrirmos se existe algo que não seja projetado pelo pensamento, que não seja uma ilusão ou um mito, devemos nos perguntar se o pensamento pode ser controlado, mantido em suspenso, ser suprimido de tal forma que a mente possa permanecer imóvel. O controle compõe-se de um controlador e de um controlado, certo? Quem é o controlador? Não será ele também uma criação do pensamento, um dos fragmentos do pensamento que assumiu a condição de controlador? Se achar que isto é verdade, então o controlador é o controlado, a experiência é o experimentador, o pensador é o pensamento. Não são entidades separadas. Se compreender isto, então não há necessidade de controle.

Se não há controlador, porque ele é o controlado, então o que acontece? Se existe uma divisão entre o controlador e o controlado, significa que existe conflito e, portanto, desperdício de energia. Quando o controlador é o controlado não há desperdício de energia. Há acúmulo de energia, de toda aquela energia que foi dissipada na supressão e na resistência ocasionadas pela separação entre controlador e controlado. Deve ficar claro, na meditação, que não existe nenhum controle, nenhuma disciplina de pensamento, pois aquele que disciplinar o pensamento é um fragmento do pensamento. Se você achar que isto é verdade, então obterá toda a energia que foi desperdiçada por meio da comparação, do controle e da supressão, para ir além do ponto em que se encontra hoje.

Nossa pergunta é se a mente pode permanecer absolutamente imóvel, porque aquilo que está imobilizado contém mais energia. Poderá a mente – que está o tempo todo tagarelando, sempre em movimento, com os pensamentos sempre voltados para trás, relembrando, acumulando conhecimentos, constantemente se modificando – permanecer totalmente quieta? Alguma vez você tentou descobrir se o pensamento pode ficar parado? Como descobrir de que maneira podemos aquietar os pensamentos? Bem, pensamento é tempo, tempo é movimento, e o tempo é mensurável. Diariamente medimos e comparamos, tanto física como psicologicamente. Isto é medição, comparar significa medir. Será que podemos viver o dia-a-dia sem

12

fazer comparações? Podemos parar de comparar, de modo geral, não na meditação, mas no nosso cotidiano? Comparamos quando escolhemos entre dois materiais, entre este e aquele tecido, este e aquele carro. Quando comparamos partes do conhecimento, porém, psicológica e *interiormente*, nos comparamos com os outros. Quando cessar definitivamente essa comparação estaremos de fato sozinhos? Isto acontecerá quando deixarmos de lado as comparações – o que não significa vegetar. Então, na vida diária, poderemos viver sem comparações? Experimente uma vez, e verá o que isso implica. Você estará se livrando de uma tremenda carga; e quando nos livramos de uma carga não precisamos mais de energia.

Você já prestou total atenção em alguma coisa? Você presta atenção quando alguém está lhe falando? Ou está ouvindo com a mente comparativa que já adquiriu certos conhecimentos e está comparando o que está sendo dito com o que você já sabe? Não estará interpretando o que está sendo dito de acordo com seus prévios conhecimentos, suas próprias inclinações, seus próprios julgamentos? Isto não é atenção, certo? Se prestar total atenção com seu corpo, seus nervos, olhos, ouvidos, sua mente, com todo seu ser, não haverá nenhum centro por meio do qual você estará observando; só a atenção está presente. Esta atenção é o silêncio completo.

Por favor, ouça isto. Infelizmente, ninguém lhe dirá essas coisas, portanto, ouça com atenção o que está sendo dito, pois o simples ato de ouvir é o milagre da atenção; não existem limites nem fronteiras e, por conseguinte, não há direções. Só há atenção, e quando ela está presente, não existem mais eu e você, não existe mais dualidade, não há mais o observador e o observado. E isto não é possível quando a mente está se movimentando em determinada direção.

Fomos educados e condicionados a nos mover de acordo com direções, daqui para lá. Temos uma idéia, uma crença, um conceito, uma fórmula que traduz a realidade, a felicidade que existe algo além do pensamento e fixamos isso como uma meta, um ideal, uma direção e, então, caminhamos nessa direção. Quando caminhamos em certa direção não há espaço. Quando nos concentramos, caminhamos ou pensamos em determinada direção, não há espaço em nossa mente. Não há espaço quando nossa mente está lotada de apegos, medos, busca de prazer, desejo de poder e posição. Portanto, se a mente está lotada, não há espaço. O espaço é necessário, e onde há atenção não há direção, apenas espaço.

A meditação não requer movimento algum. Isso quer dizer que a mente está em repouso absoluto e não está se movimentando em nenhuma direção. Não há movimento. Movimento é tempo, é pensamento. Se acharmos que isto é verdade, não sua descrição oral, mas a verdade que não pode ser descrita, então teremos a mente em absoluto repouso. É preciso aquietar a mente, não com o intuito de dormir mais ou de executar melhor seu trabalho ou ganhar mais dinheiro! A vida da maioria das pessoas é vazia, é pobre. Embora possam ter um cabedal de conhecimentos, sua vida é pobre, contraditória, incompleta, infeliz. Tudo isso é pobreza, e as pessoas desperdiçam a vida tentando enriquecer interiormente, cultivando diversos tipos de virtude e todo o resto de tolices. Não que a virtude não seja necessária, pois é ordem, e a ordem só pode ser compreendida quando vivemos na desordem. O fato é que conduzimos nossas vidas desordenadamente. Desordem significa contradição, confusão, desejos desencontrados, dizer uma coisa e fazer outra, ter ideais e o desacordo entre você e esses ideais. Tudo isso é desordem, e quando tomamos consciência e colocamos nesse fato toda nossa atenção, surge a ordem, que é uma virtude – algo vivo, não algo inventado, praticado e feio.

A meditação em nossa vida diária é a transformação da mente, uma revolução psicológica para que possamos viver – não na teoria, como um ideal, mas em cada movimento dessa vida –, na qual existe compaixão, amor e a energia que transcende toda a pequenez, toda a estreiteza e toda a incerteza. Quando a mente está em repouso – em repouso absoluto, *aquietada* pelo desejo ou pela vontade – então surgirá uma maneira de ser completamente diversa de movimento, que não implica tempo.

Veja, entrar nesse estado seria absurdo. Seria uma descrição verbal e, portanto, irreal. O que importa é a arte da meditação. Um dos sentidos da palavra "arte" é colocar tudo nos seus devidos lugares, colocar tudo *em nossa vida diária* no lugar certo, para que não haja nenhuma confusão. E quando existe ordem, lisura de procedimento e uma mente totalmente quieta em nossa vida diária, então a própria mente saberá sozinha se é ou não imensurável. Enquanto não descobrirmos esta mais elevada forma de santidade, nossa vida será insípida e sem sentido. Por isso, a meditação correta é absolutamente necessária,

14

a fim de tornar nossa mente jovem, sadia e pura. *Pura* quer dizer incapaz de ser contaminada. Isso tudo faz parte da meditação que não está divorciada dos nossos hábitos diários. A meditação é necessária para que compreendamos nossa rotina. Ou seja, ficar atento a tudo o que fazemos – quando falamos com alguém, nosso modo de caminhar, nossa maneira de pensar –, o que pensamos – prestar atenção a essas coisas é parte da meditação. Meditar não é fugir. Não há mistérios. Da meditação surge uma vida santificada, sagrada. E a partir daí tudo para nós será sagrado.

Vivendo com bondade

POR QUE o homem não tem sido capaz de se modificar? Ele muda um pouquinho aqui, um pouquinho ali, e ainda quer que a sociedade seja boa. Quer ordem, não apenas em si mesmo, mas nos seus relacionamentos, mesmo os mais íntimos, ao mesmo tempo que deseja paz no mundo; quer isolar-se para poder desenvolver-se e usufruir de algum tipo de beatitude. Se observarmos, esta tem sido a exigência da humanidade no transcorrer dos anos, desde épocas muito remotas. No entanto, quanto mais o homem se torna civilizado, mais desordens ele provoca, e mais guerras surgem. Não se conhece neste planeta um tempo em que não houve: guerras, seres humanos matando seres humanos, uma religião destruindo a outra, uma instituição dominando e destruindo outras, uma organização sufocando a outra.

Tendo consciência dessas eternas guerras, você nunca se perguntou se é possível viver neste mundo sem tentar fugir dele, sem entrar para uma comunidade, tornar-se um eremita ou um padre, mas viver neste mundo de forma sadia, feliz, inteligente, sem todas essas lutas internas e externas? Se já se perguntou – e espero que isto esteja acontecendo agora porque estamos pensando juntos –, então você deve exigir uma sociedade boa.

Construir uma sociedade justa vem sendo o sonho antigo de hindus, gregos e egípcios. E uma sociedade justa só poderá existir quando a humanidade for boa, porque sendo boa o homem cria bondade, constrói bondade em seus relacionamentos, em suas ações, em sua maneira de viver.

Ser bom também significa ser belo. Ser bom também significa ser sagrado; está relacionado a Deus, aos mais elevados princípios.

A palavra *bom* precisa ser entendida com clareza. Quando a bondade existe dentro de nós, tudo o que fizermos será bom, nossos relacionamentos serão bons, nossas ações, nossa maneira de pensar. Podemos captar instantaneamente o sentido global dessa palavra.

Por favor, vamos juntos pensar novamente, com muito cuidado, pois se você conseguir penetrar no fundo da questão, ela irá afetar sua consciência, sua maneira de pensar, sua forma de viver. Então, preste um pouco de atenção no sentido dessa palavra. A palavra não é a coisa em si. Posso descrever maravilhosamente uma montanha, pintá-la, compor um poema, mas a palavra, a descrição, o poema, não são a realidade. Em geral ficamos emocionados de modo irracional pelas descrições, pelas palavras.

Bondade não é o contrário de ruindade. A bondade não tem nenhuma relação com aquilo que é feio, mau, ou com qualquer coisa que não seja bela. Ela existe por si mesma. Se disser que o bem é o resultado do mal, da infelicidade, da feiúra, então o bem carrega consigo o mal, a feiúra, a crueldade, portanto, o bem não deve ser e não está relacionado com aquilo que não for bom.

O bem não tem possibilidade de existir se admitirmos qualquer tipo de autoridade. A autoridade é muito complexa. Temos a autoridade da lei que os homens reuniram por muitos séculos. Existe a lei da natureza, a que provém de nossas próprias experiências e às quais obedecemos, a de nossas insignificantes reações, que dominam nossas vidas; a das instituições; das crenças organizadas que são chamadas de religiões ou dogmas. Estamos dizendo que a bondade não tem relação nenhuma com qualquer tipo de autoridade.

Examine-a, olhe para ela. A bondade não é a busca do conformismo. Se aceitarmos uma crença, um conceito, uma idéia, isso não será bom, porque gera conflitos. A bondade não pode desenvolver-se por meio de outra coisa, de uma figura religiosa, de um dogma, de uma crença; só pode desenvolver-se no solo da atenção total, em que não existe nenhuma autoridade. A essência da bondade é uma mente isenta de conflitos. Não podemos ser bons e permitir que guerras aconteçam. Por conseguinte, se uma pessoa é totalmente boa, é responsável por sua vida como um todo.

Perguntamos: se uma pessoa viveu numa sociedade pressionada pelas instituições, pelas crenças, pelo autoritarismo religioso, pode ser boa? Porque só se nós, como seres humanos, formos completamente bons – não parcialmente – teremos condições de construir uma sociedade diferente. Será possível sermos bons vivendo neste mundo, casados, com filhos e trabalho? Estamos usando a palavra no sentido que requer grande responsabilidade, cuidado, atenção, diligência, amor. A palavra *bom* contém tudo isso. É possível para você, que tem interesse em ouvir? Caso contrário, aceite a sociedade como ela é. Para construir uma sociedade diferente, essencialmente justa, dentro do contexto em que estamos usando essa palavra, é necessário grande quantidade de energia. Requer sua atenção, ou seja, sua energia. O ser humano tem bastante energia; quando *quer* fazer uma coisa, faz.

O que impede o homem de ser absolutamente bom? Quais as barreiras que ele enfrenta? Quais os bloqueios? Por que os seres humanos não são integralmente bons? Um observador percebe como ele é e como está no mundo; que não é diferente dele, pois foi ele quem o criou, foi ele quem criou a sociedade, as religiões com seus inúmeros dogmas, crenças, rituais, com suas devidas separações, suas facções. Tudo isso foi criado pelo homem. Será que isto é o que nos impede de sermos bons? É porque acreditamos ou porque estamos envolvidos demais com nossos problemas de sexo, medo, ansiedade, solidão, necessidades de satisfação de nos identificarmos com uma coisa ou outra? Será que é isto o que impede o homem de ser bom? Se for, então, essas coisas não têm nenhum valor. Se percebermos que, para adquirir a virtude da bondade, qualquer pressão vinda de qualquer lado – inclusive de nossas próprias crenças, de nossos próprios princípios e ideais – está coibindo a manifestação da bondade, então você deve naturalmente afastá-la sem medo de errar, sem conflitos.

O grande caos e a desordem que imperam em todas as partes do mundo são um perigo à vida. Está se espalhando por todos os cantos. Então, qualquer um que observe seriamente a si mesmo e ao mundo deve refletir sobre o seguinte: Os cientistas, os políticos, os filósofos, os psicanalistas e os gurus – quer seja da Índia, do Tibete, ou do nosso próprio país – não puderam resolver os problemas humanos; apresentaram todo tipo de teoria, mas não solucionaram nossos problemas. Ninguém irá solucioná-los. *Nós* teremos de resolvê-los, porque *nós* os criamos. Infelizmente, não estamos dispostos a encarar nossos problemas a fundo e pesquisar a razão de vivermos tão preocupados com nós mesmos, com nossas vidas egoístas, da maneira que somos.

Queremos saber se podemos viver com a bondade, com sua beleza, com sua pureza? Se não podemos, então precisamos aceitar o aumento progressivo do caos em nossas vidas, na vida de nossos filhos e assim por diante. Será que queremos ir fundo na questão de conhecer a nós mesmos? Porque nós somos o mundo. No mundo inteiro, todo ser humano – seja qual for sua cor, religião, nacionalidade, credo – sofre psicológica e interiormente. Passamos por grandes ansiedades, por períodos de solidão, enfrentamos momentos de desespero, de depressão, temos a sensação de falta de significado na vida por viver como vivemos. As pessoas são psicologicamente muito parecidas em qualquer lugar do mundo. Esta é uma realidade, uma verdade. Então, psicologicamente, somos o mundo, e o mundo somos nós; e quando compreendemos a nós mesmos, compreendemos toda a estrutura humana e a natureza. Não é meramente uma pesquisa egoísta, pois quando nos compreendemos vamos além de nós mesmos, entramos numa nova dimensão.

O que nos fará mudar? Maiores impactos? Mais catástrofes? Outras formas de governo? Outras imagens? Outros ideais? Já tivemos grande variedade deles, e mesmo assim não mudamos. Quanto mais sofisticada é nossa educação, nos tornamos mais civilizados – civilizados no sentido de mais distantes da natureza –, nos tornamos cada vez menos humanos. Então, o que fazer? Como nenhuma dessas coisas que se encontram fora de mim podem me ajudar, inclusive todos os deuses, é evidente que só me resta compreender a mim mesmo. Tenho que ver o que sou e modificar-me radicalmente. Só então surgirá a bondade. Só assim poderemos construir uma sociedade justa.

Nossa luz interior

PODEMOS FALAR indefinidamente, empilhar palavras sobre palavras, chegar a diversas conclusões, mas em toda essa confusão verbal, se houver uma ação clara, equivalerá a dez mil palavras. Muitos de nós temos medo de agir, porque estamos confusos, perturbados, mal-humorados e infelizes. Apesar de toda essa confusão e dessa desordem, esperamos que alguma luz venha nos iluminar, uma luz que não venha de fora, que jamais seja enevoada, que não nos foi dada nem induzida, ou que nos possa ser retirada; uma luz que se mantém por si só, sem nenhum esforço da nossa vontade, sem nenhuma razão, uma luz que não tem fim e, portanto, não tem começo. Muitos de nós, se estivermos conscientes de nossa confusão interior, desejaremos essa luz. Vamos ver se conseguimos descobri-la para que nossa mente e nosso coração se tornem iluminados, serenos, sem problemas nem medos. Seria muito valioso se pudéssemos ser nossa própria luz, uma luz que não dependesse de nada e que fosse completamente livre. Poderíamos explorar essa questão intelectual e analiticamente, removendo camada após camada de confusões e perturbações, levando dias, anos, talvez toda uma vida, sem sequer descobrir a solução. Podemos efetuar o processo analítico de causa e efeito, ou talvez abandonar tudo isso e chegar diretamente à solução, sem intermédio de qualquer autoridade do intelecto.

Para tanto, a meditação é necessária. A palavra *meditação* tornou-se um pouco deteriorada; como o *amor,* foi maculada. Mas é uma palavra adorável; possui forte significado e beleza, não no termo em si, mas no sentido que carrega. Vamos ver se conseguimos alcançar, por nós mesmos, um estado mental que esteja constantemente em meditação. Para assentar os alicerces da meditação é preciso entender o que é viver e o que é morrer. Compreender o ato de viver e o extraordinário sentido da morte *é* meditar. Não é procurar um profundo sentido místico de uma experiência, nem repetir constantemente uma série de palavras, embora sagradas e de tempos remotos. Essas palavras apenas aquietam a mente, mas também a tornam entorpecida, tola, hipnotizada. Podemos igualmente tomar um sedativo, que é muito mais fácil. A repetição de palavras, a auto-hipnose, a observação de um sistema ou método não é meditação. A experiência requer um processo de reconhecimento. Passei ontem por uma experiência que me deu prazer e, ao mesmo tempo, me causou dor. Para viver inteiramente uma experiência é preciso reconhecê-la. O reconhecimento vem de algo que já aconteceu e, portanto, a experiência nunca é nova. A verdade nunca pode ser experimentada: esta é sua beleza, ela é sempre nova, nunca aconteceu antes. O que aconteceu ontem deve ser completamente esquecido, deve ser vivenciado e finalizado ontem. Se carregarmos essa experiência para ser medida em termos de conquista ou para descrever sua grandiosidade para impressionar ou convencer os outros, me parece uma absoluta tolice. Temos que ser muito cautelosos e reservados quanto à palavra *experiência*, porque só podemos nos referir a ela quando já a vivenciamos. Significa que deve haver um centro, um pensador, um observador que retém, que guarda o fato que acabou. Não há possibilidade de experimentarmos a verdade. Enquanto houver um centro que recolhe, como o "mim", como o pensador, então a verdade não se encontra ali. E quando alguém disser que teve a experiência do real, não acredite: não aceite sua autoridade.

Sempre queremos aceitar alguém que nos promete alguma coisa, porque não temos nossa própria luz: nenhum guru, nenhum mestre, nenhum salvador, *ninguém*. Aceitamos muitas autoridades no passado, colocamos nossa fé nos outros, e eles ou nos exploraram ou fracassaram por completo. Logo, não devemos admitir qualquer autoridade espiritual, nem dar-lhes crédito. Ninguém pode nos conceder a luz que jamais se apaga.

Seguir os outros é imitar. Seguir quer dizer não apenas negar nossa própria luz, nossa própria busca, nossa integridade e sinceridade, como também quer dizer que seguir nossa razão é merecer uma recompensa. A verdade não é uma recompensa! Se queremos compreender a verdade, devemos deixar de lado toda e qualquer forma de prêmio ou castigo. Autoridade implica medo, e nos submetermos ao medo de não obter o que um explorador declara em nome da verdade ou da experiência é negar nossa própria luz e sinceridade. Se você diz que *precisa* meditar, que tem de seguir determinado caminho ou sistema, obviamente está se condicionando a esse sistema ou método. Talvez você obtenha aquilo que o método promete, mas nada será além de cinzas, porque a razão que o guiou foi a realização, o sucesso, e na raiz disso repousa o medo. Entre mim e você não há nenhuma autoridade. A pessoa que lhe fala não tem qualquer tipo de autoridade. Não está tentando convencê-lo de nada nem pedindo que seja seguido. Quando seguimos uma pessoa, a destruímos. O discípulo destrói o mestre e o mestre destrói o discípulo. Temos observado isso na história e em nossa vida diária: quando a mulher ou o marido mandam um no outro, eles se destroem. Nesse lar não há liberdade, nem beleza ou amor.

Se não assentarmos corretamente os alicerces da ordem, da clareza de idéias e da profundidade, então, sem dúvida, os pensamentos se tornarão inevitavelmente tortuosos, enganosos, irreais e, além disso, sem valor. O assentamento desses alicerces, dessa ordem, é o início da meditação. Nossa vida rotineira, que levamos desde o momento em que nascemos até a hora da nossa morte, com o casamento, os filhos, o trabalho e as realizações, é um campo de batalha, não só interno como também externo, dentro da família, no escritório, num grupo ou numa comunidade. Nossa vida é uma luta constante. É o que chamamos viver. Dor, medo, desespero, preocupações e uma enorme tristeza que nos acompanha o tempo todo como sombra, isso é nossa vida. Talvez uma pequena minoria possa notar essa desordem, sem encontrar desculpas exteriores para essa confusão, embora existam causas externas. Talvez uma pequena minoria possa notar essa confusão, conhecê-la, olhar para ela não apenas conscientemente, mas também de forma mais profunda, sem negar ou aceitar essa desordem, essa confusão, o medo perturbador que há dentro de nós e no mundo em geral. É sempre a pequena minoria responsável pelas mudanças vitais.

Muita coisa já foi escrita a respeito do inconsciente, principalmente no Ocidente. Um significado fora do comum lhe foi atribuído. Porém é tão banal e superficial como o consciente. Observe você mesmo. Note que o chamado inconsciente é o resíduo da raça, da cultura, da família e das suas próprias razões e desejos. Ele está ali, escondido. A mente consciente está ocupada com a rotina da vida diária, com o trabalho, com o sexo e com tudo o mais. Dar importância tanto a um como a outro parece absolutamente inútil. Ambos têm significado muito pequeno, exceto pelo fato de a mente consciente precisar estar tecnologicamente evoluída para garantir nosso sustento.

Essa constante batalha interior, tanto a mais profunda quanto a superficial, é nossa caminhada pela vida. É um caminho de desordem, confusão, contradição, infelicidade e, para uma mente que se dispõe a meditar, é um caminho absurdo e infantil. Meditar é pôr ordem nessa confusão; não com esforço, porque o esforço distorce os pensamentos. Para enxergar a verdade, a mente tem de estar completamente clara, sem nenhuma distorção, sem qualquer compulsão, sem direcionamento.

Assim os alicerces devem ser assentados. Ou seja, tem de haver virtude. Ordem é virtude. A virtude nada tem a ver com a moral social que compreendemos. A sociedade nos impôs certa moral, mas a sociedade é produto de todos os seres humanos. A sociedade, com sua moral, diz que podemos ser gananciosos; que podemos nos matar uns aos outros em nome de Deus, em nome da pátria, em nome de um ideal; que podemos ser competitivos e invejosos dentro da lei. Este tipo de moral não é moral. Devemos negá-la com veemência dentro de nós para sermos virtuosos. Esta é a beleza da virtude. Virtude não é um hábito, algo que se pratica dia após dia. Isto é algo mecânico, rotineiro, sem sentido, mas ser virtuoso significa conhecer a desordem, que é nossa contradição interior, a repressão dos muitos prazeres, desejos e ambições, voracidade, inveja e medo. Estas são as causas da desordem, dentro e fora de nós. Tomar consciência disso tudo é estar em contato com a desordem. E só podemos manter esse contato quando não a negamos, quando não arranjamos desculpas que a justifiquem nem culpamos os outros.

A ordem não é algo que estabelecemos – a ordem *encontra-se* na negação da desordem. A virtude, que é a ordem, resulta do conhecimento da natureza e da estrutura completa da desordem. Isto é muito simples. Se observarmos como somos desordeiros e incoerentes, como sentimos ódio e achamos que amamos – este é o princípio da desordem, da dualidade; e a virtude não é conseqüência da dualidade.

A virtude é algo vivo, para ser colhido diariamente; não é a repetição de algo que ontem denominamos virtude. Isto é mecânico, inútil. Portanto, deve haver ordem, e ela faz parte da meditação. Ordem significa beleza, e há pouca beleza em nossa vida. A beleza não é feita pelo homem; não está num quadro moderno ou antigo; não está num edifício, numa escultura, numa nuvem, numa folha ou na água. A beleza está onde existe ordem – uma mente que não está confusa está dentro de uma ordem absoluta. E só pode haver ordem quando há a negação completa de nós mesmos, quando o "eu" não tiver a mínima importância. O fim do "eu" é parte da meditação; esta é a *única* meditação.

Temos vivido em pensamentos. Damos enorme importância ao ato de pensar, mas pensar é coisa antiga, pensar jamais é novo, é a continuação da memória. Se vivemos lá, obviamente haverá algum tipo de continuidade. E é uma continuidade que deve estar morta, acabada. É uma coisa velha, e só daquilo que termina pode renascer algo novo. Por isso é fundamental saber o que quer dizer morrer. Morrer para tudo o que conhecemos. Alguma vez você já tentou fazer isto? Livrar-se do conhecido, de suas recordações, ainda que por apenas uns poucos dias? Livrar-se dos prazeres, sem discutir, sem nenhum medo; morrer para sua família, sua casa, seu nome; tornar-se absolutamente anônimo. Só aquele que conseguir tornar-se totalmente anônimo entrará num estado de não-violência e estará livre da violência. Portanto, morra todos os dias, não simbolicamente, mas de verdade. Faça isto um dia.

Conservamos muitas coisas, não apenas livros, casas, contas bancárias, mas coisas interiores: lembranças de ofensas, de lisonjas, de nossas próprias experiências, realizações neuróticas que nos proporcionaram cargos. Morrer para essas coisas sem se lamentar, sem discutir, sem medo, apenas desistindo de tudo isso; experimente e verá. Faça-o psicologicamente – sem abandonar sua mulher ou seu marido, suas roupas, seus filhos ou sua casa, mas interiormente –, não se sinta apegado a nada. Nisso reside a beleza. Afinal de contas, o amor é isso, não é? Amar não é apegar-se. Quando existe apego existe medo. O medo inevitavelmente conduz ao autoritarismo, à possessão, à opressão e à dominação.

Meditar é compreender a vida, é produzir ordem. Ordem é virtude que, por sua vez, é luz. Esta luz não pode ser acesa por outra pessoa,

24

por mais experiente, mais inteligente, erudita ou espiritualizada que seja. Ninguém, quer na terra ou no céu, pode acendê-la, exceto nós mesmos, com nossa compreensão e meditação. Morrer para tudo o que está dentro de nós! Porque o amor é inocente e viçoso, jovem e claro. Então, se mantivermos essa ordem, essa virtude, essa beleza, essa luz interior, poderemos ir mais além. Isto significa que a mente, posta em ordem, isenta de pensamentos, está absolutamente tranqüila e silenciosa – de maneira natural, sem nenhum esforço, sem nenhuma disciplina. E, à luz desse silêncio, todas as ações podem se realizar diariamente.

Se tivermos tido a sorte de chegar até esse ponto, perceberemos que nesse silêncio existe um movimento diferente, que não se refere nem a tempo nem a palavras, e que não é avaliado pelo pensamento, pois é sempre novo. É esse algo imensurável que o homem vem eternamente buscando. Mas nós é que temos de chegar a esse algo, ele não nos é oferecido. Não é a palavra nem o símbolo. Estes são destrutivos. Para atingir esse objetivo é preciso que haja ordem absoluta, beleza e amor. Para tanto, precisamos morrer para tudo que conhecemos psicologicamente, para que nossa mente se torne clara, objetiva e possa enxergar as coisas como elas são, tanto externa como internamente.

Explore a verdade

SERÁ que existe alguma coisa sagrada que não nos tenha sido revelada pelos nossos pensamentos? Desde épocas remotas o homem se faz esta pergunta. Existirá algo mais, além de toda essa confusão, infelicidade, trevas e ilusões? Além das instituições e das reformas? Existe algo verdadeiro, que esteja fora do tempo, tão imenso, que nosso pensamento não consiga alcançar? A humanidade tem explorado este assunto e, aparentemente, pouquíssimas pessoas tiveram liberdade para penetrar nesse mundo. Desde tempos antigos, o sacerdote vem se colocando entre aquele que busca e aquilo que ele deseja alcançar. O sacerdote interpreta; ele se torna o homem que sabe, ou pensa que sabe, e o explorador sente-se posto à margem, desviado e perdido.

O pensamento, seja qual for, não é sagrado. É produto da matéria, como nós somos matéria. O pensamento tem dividido os homens em religiões e nacionalidades. O pensamento tem origem no conhecimento, e o conhecimento nunca é completo em alguma coisa, pois é sempre limitado e separador. Onde existem atitudes separatistas, existem conflitos: comunismo e capitalismo, árabes e judeus, hindus e muçulmanos. Todas essas divisões nascem de processos do pensamento, e onde houver divisões haverá conflitos. Isto é lei. Nada que o homem tenha unido, seja nos livros, nas igrejas, nos templos ou nas mesquitas, é sagrado. Nenhum símbolo é sagrado; isto não é religião, é simples maneira de pensar, uma reação superficial àquilo que denominamos de sagrado.

Para explorar a verdade precisamos acumular toda nossa energia, precisamos tomar cuidado para não agir conforme um padrão, e procurar observar nossos pensamentos, sentimentos, antagonismos, medos, ultrapassando-os de tal forma que nossa mente se torne completamente vazia. Para explorarmos o que há de mais sagrado, o que não se pode nomear, o que está fora do tempo, certamente não precisamos pertencer a nenhum grupo, a nenhuma religião, ter qualquer crença ou fé, pois a crença e a fé são aceitas como uma coisa verdadeira, que pode não existir. É da natureza da crença aceitar algo como verdadeiro sem tentar descobrir por meio da nossa própria pesquisa, de nossa própria vitalidade e energia. Acreditamos porque a crença nos traz alguma segurança e conforto, porém a pessoa que está buscando apenas conforto psicológico jamais atingirá aquilo que está além do tempo. É necessário, portanto, que haja total liberdade. Será possível nos libertarmos de todos os nossos condicionamentos psicológicos? O condicionamento biológico é natural, mas o psicológico – os ódios, os antagonismos, o orgulho, todas as coisas que causam perturbações – é da própria natureza do ego, que é o pensamento.

Para chegar lá, é necessária muita atenção – não concentração. Meditar é muito importante, porque a mente, sendo apenas mecânica, assim como o pensamento, nunca chega a atingir o que é total, a suprema ordem, e, portanto, a liberdade completa. O universo é a ordem total. A mente humana está em desordem, e precisamos dispor de uma mente completamente ordenada, que tenha compreendido a desordem e está livre das contradições, imitações e conformismo. Esta é uma mente atenta. Atenta a tudo o que faz, a todas as atitudes nos relacionamentos. Atenção não é concentração. A concentração é restrita, estreita, limitada, enquanto a atenção não tem limites. Na atenção reside a qualidade do silêncio – não do silêncio criado pelo pensamento, que surge após o ruído, não do silêncio que se faz entre um pensamento e outro. Deve aparecer aquele silêncio que não foi originado pelo desejo, pela vontade, pelo pensamento. Nesta meditação não há controladores. Em todos os métodos inventados por grupos, sempre existe esforço, controle, disciplina. Disciplina implica aprendizado – não conformismo, mas aprendizado – para que a mente se torne progressivamente mais sutil. Aprender requer um movimento constante; não se baseia em conhecimento. Meditar é libertar-se do conhecimento que é, por si só, uma forma de medição. E nesta meditação o silêncio é absoluto.

Então, nesse puro silêncio, repousa aquilo que não se pode denominar.

A beleza da virtude

O PENSAMENTO é o movimento entre "aquilo que é" e "aquilo que deveria ser". O pensamento é o tempo que cobre aquele espaço, e enquanto houver divisões psicológicas entre isto e aquilo, o movimento é o tempo do pensamento. Então, pensamento é tempo, assim como movimento. Será que existe tempo, como movimento e pensamento, quando só há observação "daquilo que é"? Ou seja, não a observação composta de um observador e um observado, mas apenas a observação, sem o movimento de ir além do "aquilo que é". É muito importante que a mente compreenda isto, pois o pensamento pode criar as mais fantásticas imagens do que é sagrado e santificado, como fizeram todas as religiões. Todas as religiões baseiam-se no pensamento; elas são a organização do pensamento, da crença, do dogma, dos rituais. Portanto, a menos que haja total compreensão do pensamento como tempo e movimento, a mente não tem a menor possibilidade de ir além de si mesma.

Fomos treinados, ensinados e instruídos a transformar "aquilo que é" em "aquilo que deveria ser" o ideal, e isso leva tempo. O movimento completo do pensamento para cobrir o espaço entre "aquilo que é" e "aquilo que deveria ser" é o tempo de transformar "aquilo que é" em "aquilo que deveria ser" – mas o observador é o observado, por isso, não há nada para ser mudado, só existe "aquilo que é". O observador não sabe o que fazer com "aquilo que é", portanto, ele tenta diversos métodos para modificar, controlar, suprimir "aquilo que é". Porém, o observador é o observado: "aquilo que é" é o observador. A raiva e a inveja também são o observador; a inveja não existe sem o observador – ambos são um só. Quando não há nenhum movimento, como o pensamento no tempo, para mudar "aquilo que é", quando o pensamento percebe que não há nenhuma possibilidade de modificar "aquilo que é", então o que existe – "aquilo que é" – cessa completamente, porque o observador é o observado. Concentre-se nisso profundamente e verá por si mesmo. Na verdade, é muito simples. Se antipatizo com alguém, a antipatia não é diferente do "mim" ou do "tu". A entidade que antipatiza é a própria antipatia; não há separação entre elas. E quando o pensamento diz: "preciso superar esta antipatia", então há um movimento no tempo para superar aquilo que na realidade existe e é criado pelo pensamento. Portanto, o observador – a entidade – e aquilo que se denomina "antipatia" são a mesma coisa. Por esta razão, a imobilidade é total. Não é a imobilidade de estarmos estáticos, é a total ausência de movimento, o silêncio absoluto. Logo, o tempo como movimento, como resultado da realização do pensamento chegou ao fim e, por conseguinte, a ação foi instantânea. A mente, então, assentou seus alicerces e está livre da desordem; é quando surge o desabrochar e a beleza da virtude. Nesses alicerces está a base do relacionamento entre você e o próximo. Nesse relacionamento não existe nenhuma imagem ativa; existe apenas o relacionamento, não uma imagem tentando adaptar-se à outra. Só existe "aquilo que é", e nenhuma mudança. A mudança ou a transformação do "aquilo que é" é o movimento do pensamento no tempo.

Quando se chega a esse ponto, a mente e as células cerebrais também se tornam completamente imóveis. O cérebro, que registra as lembranças, as experiências e o conhecimento, pode e deve funcionar no campo do conhecido. Mas agora aquela mente, aquele cérebro, está livre da atividade do tempo e do pensamento. Tudo isso acontece sem nenhum esforço. Tudo isso deve acontecer sem qualquer sentido de disciplina ou controle, pois faz parte da desordem.

O que estamos dizendo é completamente diferente daquilo que os gurus, os "mestres" da filosofia zen dizem, porque neste caso não há autoridade, ninguém está seguindo nenhuma orientação. Se você seguir alguém, não só estará se destruindo, como estará destruindo o outro. Uma mente religiosa não possui qualquer tipo de autoridade. Mas possui inteligência e a aplica. No mundo da ação existe a autoridade do cientista, do médico, do instrutor que nos ensina a dirigir um carro; no caso contrário, não há autoridade nem gurus.

Então, se você atingiu essa profundidade, sua mente criou ordem nos relacionamentos e passa a compreender toda a desordem complexa da nossa vida diária. Fora da compreensão dessa desordem, fora da consciência de que ela existe, onde não há nenhuma escolha possível, surge a beleza da virtude, que não é cultivada, que não é criada pelo pensamento. Esta virtude é o amor, a ordem, e se a mente instalou essas raízes profundas, elas se tornaram irremovíveis, imutáveis. Agora você pode explorar todo o movimento do tempo. Sua mente está em absoluto repouso. Não há observador, pesquisador ou pensador. Há diversas formas de percepções sensoriais e extra-sensoriais. A clarividência, os processos de cura, tudo isso acontece, mas são fatores secundários, pois a mente que está de fato preocupada em descobrir a verdade, aquilo que é sagrado, nunca toca nessas coisas. Agora a mente está livre para observar. É quando, enfim, se manifesta aquilo com que o homem vem pensando há séculos, o inominável, que está além do tempo. Não há nenhuma expressão verbal que o defina. A imagem criada pelo pensamento cessa totalmente, porque não há nenhuma entidade que deseje expressá-la em palavras. Sua mente só poderá descobri-la, chegar até ela, quando possuir o que chamamos de amor, compaixão, não apenas pelo seu vizinho, mas pelos animais, pelas árvores, por tudo.

É quando a própria mente se torna sagrada.

A soma de toda a energia

O PENSAMENTO é limitado porque o conhecimento é limitado, e qualquer que seja a atuação do pensamento, o que quer que ele crie, tem de ser limitado. Nossa mente e nosso coração precisam ser claros para saber o que é uma mente religiosa. Para descobrirmos a mente religiosa temos de negar todo e qualquer ritual e símbolos inventados pelo pensamento. Só negando aquilo que é falso encontraremos o que é verdadeiro. Você nega todos os métodos de meditação porque, no íntimo, sabe que eles foram inventados pelo pensamento. Foram apenas reunidos pelo homem. Como nossa vida é frágil e incerta, desejamos alguma satisfação mais profunda, um pouco de amor, algo estável, permanente e duradouro. Desejamos algo mais firme, imutável, e achamos que poderemos obtê-lo se fizermos certas coisas. Essas coisas são inventadas pelo pensamento e, sendo ele por si só contraditório, qualquer tipo de estrutura reunido na meditação não é meditação. Isso significa total negação de tudo o que o homem criou psicologicamente. Não me refiro à tecnologia, que não pode ser negada, mas à rejeição a todas as coisas que o homem inventou ou escreveu sobre a busca da verdade. Para fugirmos do cansaço, da tristeza e dos tormentos caímos nessa armadilha. Portanto, temos de rejeitar completamente todas as nossas atitudes mentais, os exercícios respiratórios, toda a atividade do pensamento.

Quando tudo isso é negado, então surge a pergunta: O pensamento pode cessar? Ou seja, o pensamento, assim como o tempo, pode cessar? Não o tempo exterior, mas o vir a ser – iluminado, não violento, o homem vaidoso tornando-se humilde. Todo esse padrão de vir a ser psicologicamente é o tempo. Tempo também é pensamento. O pensamento pode ter fim? Não por intermédio da disciplina e do controle, pois quem é essa entidade que disciplina? O sentido de dualidade está sempre presente em nós: o controlador e o controlado, o observador e o observado, o experimentador e a experiência, o pensador e o pensamento. Essa dualidade sempre existe em nós. Provavelmente, é causada pela observação física. É aí que está a dualidade: luz e sombra, escuro e claro, homem e mulher... Talvez tenhamos levado esses conceitos para a dimensão psíquica. Será que existe um controlador diferente do controlado? Por favor, pense nisso com muita atenção.

Na meditação clássica comum, os gurus que divulgam essa idéia estão preocupados com o controlador e com o controlado. Dizem que devemos controlar nossos pensamentos para que eles cessem ou se reduzam a um só pensamento. Porém, o que perguntamos é quem é o controlador. Você pode responder: "É o superego", é "o que observa", "é algo que não é o pensamento"; entretanto, o controlador *é* parte do pensamento. Obviamente. Então, o controlador é o controlado. O pensamento dividiu-se em controlador e em algo que irá controlar, o que não deixa de ser uma atividade do pensamento. É esquisito que o pensamento invente deuses e depois os idolatre. Isto é auto-idolatria.

Então, quando compreendemos que todo movimento do controlador é controlado, não há mais nenhum controle. É perigoso dizer isso a pessoas que não compreendem. Não estamos defendendo nenhum controle. O que queremos dizer é que quando se pode observar que o controlador é o controlado, que o pensador é o pensamento, e se nos ativermos a essa verdade, com toda essa realidade, sem outra interferência do pensamento, teremos uma espécie de energia completamente diferente.

A meditação é a soma de toda essa energia. Não a energia criada pelo pensamento por meio da fricção, mas a energia de um estado mental no qual todo conflito terminou por completo. A palavra *religião* possivelmente significa reunir toda a nossa energia para que possamos atuar com precisão. Uma mente religiosa atua com precisão. Isto é, com cuidado, com atenção, observando. Nesta observação há afeto e compaixão.

A concentração é outra invenção do pensamento. Na escola nos pedem concentração nos livros. Aprendemos a nos concentrar, tentando excluir outros pensamentos, tentando evitar que nossos olhos olhem para fora da janela. Na concentração existe resistência, reduzindo nossa enorme energia vital para determinado ponto. Ao contrário, na atenção, que é uma forma de conscientização na qual não há escolha, só uma única conscientização, toda sua energia está ali. Neste estado de atenção não há nenhum centro a partir do qual possamos observar, ao passo que na concentração há sempre um centro de onde supervisionamos.

Temos também que falar sobre espaço. A maneira como vivemos atualmente, em apartamentos construídos uns sobre os outros; carecemos de espaço físico. Não espaço externa e internamente; não temos espaço porque nossos cérebros estão constantemente tagarelando. A meditação serve para entender ou achar o espaço que o pensamento não conseguiu criar, o espaço que não é o "mim" nem o "não-mim". O espaço não inventou o espaço, a idéia do espaço, mas o espaço verdadeiro, ou seja, o imenso espaço, a distância ilimitada, a observação desimpedida, o movimento perene sem qualquer barreira. Isto é, o imenso espaço, e no imenso espaço não existe tempo, porque esse tempo, assim como o pensamento, deixaram de existir muito tempo atrás. Observamos que, enquanto o pensamento ocupa seu próprio espaço, não pode ocupar outro imenso espaço. Quando queremos aprender uma técnica, o pensamento, tanto quanto o conhecimento e o tempo, precisa de espaço.

A memória é necessária até certo nível, mas não no psicológico. Sempre que houver a consciência que purifica o cérebro de qualquer acúmulo de memória, então o "eu", progredindo, o "eu" realizador e o "eu" em conflito, terminam, porque colocamos a casa em ordem. O cérebro tem seu próprio ritmo, mas o ritmo foi distorcido pela extravagância, pelos maus-tratos que lhe dispensamos por meio das drogas, da fé, das crenças, da bebida e do fumo. Perdeu sua vitalidade primordial.

A meditação é a sensação do entendimento completo da vida como um todo, e daí se origina a ação correta. Meditação é o silêncio absoluto da mente. Não o silêncio relativo ou aquele que o pensamento projetou e estruturou, mas o silêncio da ordem, que significa liberdade. Somente nesse silêncio total, completo, incorrupto, repousa o que é verdadeiro, que vem do infinito para o infinito.

Isto é meditação.

O eterno e atemporal sagrado

O CÉREBRO, que é tão antigo e extraordinariamente capaz, que possui inúmeras capacidades, evoluiu no tempo e adquiriu grande experiência e conhecimentos. Será que nosso cérebro, tão profundamente condicionado e constantemente desgastando-se, pode rejuvenescer? Poderá nosso cérebro livrar-se da sua carga de continuidade e tornar-se inteiramente novo? Poderá tornar-se totalmente bondoso? Uso a palavra *bondoso* no sentido de ser incapaz de ferir os outros e, igualmente, de se deixar ferir.

Nosso cérebro, que é igual em todos os seres humanos, evoluiu desde tempos imemoriais, condicionado pelas culturas, pelas religiões e pelas pressões econômicas e sociais. O cérebro tem tido uma continuidade ilimitada até agora, e durante esse período descobriu a sensação de sentir-se seguro. É por isso que aceitamos a tradição, pois nela está a segurança; na imitação está a segurança; no conformismo está a segurança. Inclusive na ilusão há segurança. Obviamente, todos os nossos deuses são ilusões reunidas pelo pensamento. A crença e a fé são ilusões. Não há nenhuma razão para crer ou ter fé, mas quando se tem uma crença – em Deus, Jesus, Krishna ou quem quer que seja –, temos a sensação de estarmos protegidos, de estar no útero de Deus; mas isto é apenas ilusão.

A nossa pergunta é se o cérebro pode descobrir o fim da continuidade do tempo. Esta continuidade, baseada na do conhecimento, é considerada avanço, progresso, evolução, e é o que estamos desafiando. Quando o cérebro procura continuidade, torna-se mecânico. Todo pensamento é mecânico, porque está baseado na memória, que é a resposta ao conhecimento. Então, não há pensamentos novos.

O "eu", o "mim", é uma continuidade. O "eu" nos foi legado há milênios, geração após geração; é uma continuidade, e o que é contínuo é mecânico, não há nada de novo neste processo. É maravilhoso podermos enxergar isto. Peço-lhes que ouçam em silêncio; não concordem, apenas ouçam. Enquanto o cérebro registrar as dores, o sofrimento, estará lhes dando continuidade. Isto nos dá a idéia de que "eu" estou continuando. Enquanto o cérebro registrar, como um computador, é mecânico. Quando somos insultados ou elogiados, isto mantém-se registrado, como tem acontecido há milhares de anos. Este é o nosso condicionamento, todo o nosso movimento progressivo. Queremos saber, agora, se é possível registrar unicamente e o que é relevante, e nada mais. Por que registrar aquilo que nos magoou? Por que deveríamos registrar aquilo que nos ofendeu ou nos encheu de orgulho? Quando registramos – quando *o cérebro* registra –, esse registro impede-nos de observar aquele que nos ofendeu. Ou seja, observamos a pessoa que nos ofendeu ou elogiou com a mente, foi o cérebro que registrou, de maneira que jamais poderemos de fato *ver* a outra pessoa. O registro é a continuidade e na continuidade há segurança. O cérebro diz: "Fui magoado uma vez, portanto, vou registrar este fato, guardá-lo, e com isso evito de ser magoado novamente no futuro". Isto pode ser fisicamente relevante, mas será que o é psicologicamente? Fomos magoados porque a dor é um movimento no tempo da formação de nossa auto-imagem, e, quando esta imagem leva uma espetada, nos magoamos. Então, seria possível carecer dessa imagem e conseqüentemente não ter nenhum registro? Estamos assentando os alicerces para descobrir o que é a meditação.

É possível não registrar psicologicamente, mas registrar o que for necessário e relevante? Quando tivermos estabelecido a ordem, quando *houver* ordem em nossa vida, haverá liberdade. Só a mente confusa *procura* liberdade. Quando a ordem for total, então a própria ordem *será* a liberdade.

Para nos aprofundarmos neste assunto, temos de entender a natureza de nossa consciência. Nossa consciência é seu conteúdo: sem conteúdo ela não existe. O conteúdo forma nossa consciência. Ele é nossa tradição, nossa angústia, nosso nome e nosso *status*. Este é o conteúdo e esta é nossa consciência. Poderá toda essa consciência, incluindo o cérebro e a mente, com todo seu conteúdo, perceber este conteúdo, sua duração e tomar parte dessa conscientização, como, por exemplo, o apego, e fazê-lo cessar voluntariamente? Isto significa que estamos interrompendo a continuidade. Queremos saber se é possível registrar apenas o que é necessário, ou relevante, nada mais. Compreenda a beleza desta questão, suas implicações e sua profundidade. Estou lhe dizendo que é possível. Vou explicar, mas a explicação não é o fato. Não se prenda à explicação, chegue ao fato, por meio dela, porque então a explicação não mais será importante.

O movimento do tempo, do pensamento, do conhecimento que vem do passado, modificando-se no presente e indo adiante, é a continuidade. Este é todo o movimento que o cérebro registra; não fosse assim, não poderíamos obter o conhecimento. O conhecimento é continuidade, e o cérebro, sentindo-se seguro com essa continuidade, registra. O movimento criou o campo psicológico. Mas o conhecimento é sempre limitado. Não existe nenhum conhecimento onipotente, mas o cérebro, sentindo segurança no movimento do conhecimento, adere-se a ele e interpreta cada incidente ou acidente de acordo com o passado. Portanto, o passado possui enorme importância para o cérebro, já que o próprio cérebro é o passado.

Logicamente, nosso próprio intelecto vê com nitidez que aquilo que tem continuidade não é novo. Não existem perfumes novos; nem céus novos; não existe uma nova terra. Então o intelecto nos diz: "Será que a continuidade pode cessar sem acarretar danos ao cérebro, porque sem continuidade ele pode sentir-se perdido?". Ele diz: "Se cessa a continuidade, que acontecerá?". O cérebro zela por sua segurança, senão, o que aconteceria? O cérebro disse que só funciona em segurança, quer essa segurança seja falsa ou verdadeira, e a continuidade do processo de registrar lhe deu essa segurança. Dizemos então ao cérebro: "Registre apenas o que é relevante e necessário. Nada mais". Então, subitamente, o cérebro sente-se perdido, pois para funcionar fora da necessidade de segurança ele diz: "Dê-me segurança e tento fazer o que me pede".

A segurança existe, mas não aquele tipo de segurança. Serve para colocar o conhecimento no seu devido lugar. A ordem na vida só é possível quando o cérebro compreende o que significa viver na desordem. Quando ele descobrir que segurança é colocar tudo em ordem, ou seja, registrar somente o que é relevante, dirá: "Isto eu compreendi, captei, consigo ter a percepção de todo o movimento de continuidade". Ele então percebeu. Essa percepção é resultado de uma ordem total que acontece quando o cérebro colocou todas as coisas nos seus devidos lugares. É quando surge a percepção integral do movimento completo de conscientização. Portanto, o cérebro registrará somente o que é necessário e nada mais. Daí se conclui que a atividade do cérebro sofreu uma mudança, a própria estrutura cerebral sofreu uma mudança, porque o fato de ver algo novo pela primeira vez leva uma nova função a operar. Quando o cérebro vê algo novo, uma nova função, é porque um novo organismo está nascendo. É totalmente necessário à mente e ao cérebro tornar-se jovem, fresco, puro, vivo, vibrante, e isso acontece quando não há absolutamente nenhum registro psicológico.

O amor faria parte dessa conscientização? O amor possui continuidade? Dissemos que conscientização é continuidade, tradição. O amor se enquadraria nessa modalidade ou está completamente fora dela? É uma pergunta que faço. É um desafio que proponho. Não digo nem que sim nem que não. Se faz parte do nosso mundo consciente, não faria parte, então, do pensamento? O conteúdo de nossa consciência é reunido pelo pensamento. Crenças, deuses, superstições, tradições, medo, é tudo parte do nosso pensamento. E o amor é parte do pensamento, parte dessa consciência? Isso significa que o amor é desejo, prazer, sexo? O amor é parte do processo do pensamento? O amor é uma recordação?

Não há possibilidade de o amor existir ou vir a ser como o orvalho fresco da manhã, se o intelecto for um ente supremo. Nossa civilização vem adorando o intelecto porque foi ele quem criou as teorias sobre Deus, sobre os princípios e ideais. Então o amor fará parte dessa corrente, dessa conscientização? O amor pode existir quando houver ciúme? Pode existir quando houver apego a uma esposa, ao marido, aos filhos? Pode existir quando houver a lembrança de uma atração sexual, uma recordação, uma fotografia? O amor tem continuidade? Por favor, pense bem nisso e tente descobrir, e é porque essas coisas não existem no seu coração que o mundo está neste caos.

Para encontrarmos esse amor, toda a corrente da consciência deve ter um fim: a inveja, o antagonismo, a ambição, o desejo de *status*, o desejo de ficar melhor, tornar-se mais ilustre ou buscar o poder – seja o poder de levitar, de realizar negócios, assumir posições, fazer política, dedicar-se à religião, ou exercer o poder sobre sua mulher, seu marido, seus filhos. Onde houver qualquer sentimento de egocentrismo, não haverá lugar para mais nada. E a essência do egocentrismo está no processo de registrar. Quando a tristeza termina, começa a compaixão, mas utilizamos a tristeza como um meio de ir adiante, de nos tornarmos melhor. Ao contrário, se algo termina, uma coisa infinitamente nova principia. Precisa haver espaço, não apenas físico, mas um espaço dentro da mente, que não está ocupado. Nossa mente está sempre ocupada: "Como conseguirei interromper essa falação?", "Preciso fazer espaço", "Preciso ficar em silêncio". Uma dona de casa está ocupada com seus afazeres, com seus filhos; um devoto está ocupado com seu Deus; o homem está ocupado com sua profissão, com sexo, com seu emprego, com sua ambição, com sua posição. A mente está inteiramente ocupada, e por isso não há espaço dentro dela.

Devemos estabelecer a ordem em nossa vida, que não seja a ordem da disciplina e do controle. Pudemos ver, de maneira inteligente, que a ordem surge apenas por intermédio da compreensão da desordem. Nos valemos da ordem em nossa vida, nos relacionamentos, o que é muito importante, porque viver é relacionar-se, é um movimento, uma ação no relacionamento. Se não houver ordem na sua relação com sua esposa, com seu marido, com seus filhos, com seus vizinhos – quer esse vizinho more ao lado ou muito distante –, esqueça a meditação. Sem ordem em sua vida, se tentar meditar cairá na armadilha das ilusões. Se agir com seriedade e com ordem – não uma ordem temporária, mas absoluta – semelhante à do cosmo, ela estará relacionada com a ordem cósmica. A ordem cósmica é o pôr-do-sol, o surgimento da lua, o magnífico céu noturno com toda a sua beleza. Examinar o cosmo superficialmente, com um telescópio, não é ordem. Se houver ordem aqui, em sua vida diária, então essa ordem tem um extraordinário relacionamento com o universo.

Quando a mente está ocupada não há ordem, não há espaço. Quando os problemas ocupam a mente, como pode haver espaço? Para criarmos um espaço, todo problema que surge deve ser imediatamente solucionado. Esta é uma das partes da meditação – não carregar os problemas continuamente, dia após dia. É possível ficarmos desocupados sem que isto signifique uma irresponsabilidade? É justamente o oposto. Quando não estamos ocupados podemos dedicar toda nossa atenção à responsabilidade. Só a mente ocupada é confusa

38

e, portanto, a responsabilidade se transforma numa coisa difícil, até com a possibilidade da culpa. Por favor, não pergunte como deixar de estar ocupado, porque aí você vai se preocupar com o sistema, com o método, com os *slogans*. Entretanto, se você enxergar, se tiver uma percepção de que a mente ocupada é uma mente destrutiva, e não uma mente livre, sem espaço, então acontece.

Agora podemos olhar para a atenção. Neste instante, você está atento? O que significa *estar atento*? Se estiver profundamente atento, não existe um centro a partir do qual você esteja prestando atenção. E essa atenção não pode ser contínua, como você gostaria. A continuidade é a *ina*tenção. Quando se está prestando atenção, ou seja, escutando, não existe nenhum centro que diz: "Estou ouvindo, estou aprendendo, estou vendo". Existe apenas o enorme sentido de inteireza, que *é* observar, escutar, aprender. Nessa atenção não ocorre nenhum movimento nos pensamentos e ela não pode ser mantida. Quando o pensamento diz que é preciso descobrir como alcançar a atenção, o movimento de tentar capturar a *ina*tenção é falta de atenção. Tomar consciência do movimento fora da atenção é estar atento. Entendeu?

A mente deve ter um amplo espaço, um espaço ilimitado, o que só pode acontecer quando não houver tagarelice mental, quando não houver nenhum problema, porque todos os problemas foram resolvidos assim que apareceram. Só haverá um amplo espaço quando não houver nenhum centro. No momento em que houver um centro, haverá uma circunferência, um diâmetro, um movimento do centro para a periferia. Espaço implica ausência de centro; além disso, é totalmente ilimitado. Atenção implica dedicar toda a sua energia ao ato de ouvir, de ver, sem a presença de qualquer centro. Só então surge a mente que compreendeu o sentido da ordem. Está livre do medo que termina na tristeza, que compreendeu a natureza do prazer, destinando a ele seu devido lugar.

Então, surge a questão: Qual a característica de uma mente completamente silenciosa? Não é buscar o silêncio, mas ter paz de espírito – estamos falando da característica de uma mente que repousa no silêncio absoluto e infinito.

Há silêncio entre duas notas, dois pensamentos, dois movimentos, duas guerras, entre um homem e uma mulher antes que comecem a brigar. Não é desse tipo de silêncio que estamos falando, porque ele é temporário, finito. Falamos do silêncio que não é produzido pelo pensamento, que não é cultivável, que só aparece quando compreendemos o movimento total da existência. Nisso reside o silêncio; não há perguntas nem respostas, não há desafios nem busca, tudo chegou ao fim. Nesse silêncio há muito espaço, beleza e uma extraordinária sensação de energia. Aí manifesta-se aquilo que é eterno e infinitamente sagrado, que não é produto de uma civilização, o produto do pensamento.

Esse é todo o movimento da meditação.

O que é a criação?

Q UAL A origem da existência como um todo, desde a mais minúscula das células até o cérebro mais complexo? Houve um começo para tudo e para tudo haverá um fim? O que é a criação? Para examinar algo totalmente desconhecido, sem idéias preconcebidas, sem envolvimento emocional nem ilusões românticas, tem de ser um cérebro isento de qualquer condicionamento, de qualquer programação, de qualquer influência e, no entanto, mostrar-se altamente sensível e tremendamente ativo. Será isso possível? É possível ter uma mente, um cérebro extraordinariamente vivo, livre de qualquer rotina e automatismo? Será que existe um cérebro que não tenha medo nem egoísmo e que não execute nenhuma atividade que não seja egocêntrica? Caso contrário, é viver em sua própria sombra o tempo todo, é viver num ambiente tribal e limitado, como um animal atado a um tronco.

Um cérebro tem que ter espaço. Espaço não é apenas a distância entre um lugar e outro. Espaço envolve prescindir de um centro. Se você possui um centro e move-se dele até a periferia, não importa quão afastada esteja a periferia, ainda assim haverá uma limitação. O espaço, portanto, não requer nem centro, nem periferia, nem limite. Será que possuímos um cérebro que a nada pertence, que não está ligado a coisa alguma – a experiências, conclusões, esperanças, ideais – e que seja realmente livre? Se você está sobrecarregado, não pode ir muito longe. Se o cérebro for primitivo, pretensioso, egoísta, não pode apresentar um espaço incomensurável. E espaço indica – estamos usando esta palavra com muito, muito cuidado – vazio.

Estamos tentando descobrir se é possível viver neste mundo sem medos, conflitos, com um enorme sentimento de compaixão, o que exige grande dose de inteligência. Você não pode ter compaixão se não tiver inteligência. E esta inteligência não é uma atividade do pensamento. Não podemos ser compassivos se estamos apegados a determinadas ideologias, a determinadas comunidades acanhadas ou a qualquer conceito religioso, porque todos eles são limitantes. E a compaixão só pode surgir – estar presente – quando a tristeza terminar, o que significa o fim do movimento egocêntrico. Só então o espaço pode ser considerado o vazio, o nada. Porque *nenhuma* coisa foi colocada ali pelo pensamento - e é por isso que o espaço conta com tamanha energia. O cérebro precisa, portanto, possuir total liberdade e espaço. Ou seja, devemos ser nada. Todos nós somos alguma coisa: analistas, psicoterapeutas, médicos. Tudo bem, mas quando nos identidicamos com as profissões de terapeutas, biolólogos, técnicos, estamos limitando a inteireza do cérebro. Só quando houver liberdade e espaço poderemos perguntar o que é meditação. Só depois de termos assentado os alicerces da ordem na nossa vida poderemos perguntar o que é a verdadeira meditação. Enquanto houver medo, não poderá haver ordem. Enquanto houver qualquer tipo de conflito, não poderá haver ordem. Nosso lar interior precisa estar em completa ordem, assim haverá total estabilidade, sem perturbações. Uma grande força advém dessa estabilidade. Se seu lar não estiver em ordem, a meditação terá pouco sentido. Você pode criar qualquer tipo de ilusão, qualquer tipo de iluminação, qualquer tipo diário de disciplina. Ainda assim, serão limitados, enganosos, porque se originaram da desordem. Tudo isso é lógico, mentalmente sadio, racional; não é nada que o autor tenha inventado para que você aceitasse. Posso usar as palavras *ordem indisciplinada?* A menos que haja ordem, que não quer dizer ordem disciplinada, a meditação torna-se muito superficial e desprovida de significado.

O que é ordem? O pensamento não pode criar uma ordem psicológica, porque o próprio pensamento está em desordem, já que o pensamento está baseado no conhecimento, que por sua vez está baseado na experiência. Todo conhecimento é limitado e, portanto, o pensamento também é limitado, e quando o pensamento tenta criar a ordem, só consegue criar a desordem. O pensamento criou a desordem por meio do conflito entre "o que é" e "o que deveria ser", entre a verdade e a teoria. Mas só existe a verdade e não a teoria. O pensamento olha a verdade de um ponto de vista limitado e, por conseguinte, a ação deverá inevitavelmente criar a desordem. Verificamos isto como uma verdade, uma lei, ou apenas como uma idéia? Suponhamos que eu seja ambicioso e invejoso; é como sou, não o oposto. Mas o oposto foi criado pelo ser humano, pelo pensamento, como forma de compreender "o que é", e também como forma de fugir do "que é". Porém, só existe "o que é", e quando você percebe "o que é" sem seu oposto, então essa mesma percepção é o que trará a ordem. Nossa casa tem de estar em ordem, e esta ordem não pode ser obtida por intermédio do pensamento. O pensamento gera sua própria disciplina: faça isto, não faça aquilo; siga isto, não siga aquilo; seja conservador, não seja conservador. O pensamento é o guia por meio do qual esperamos obter a ordem. Porém, o próprio pensamento é limitado, e sendo limitado produz desordem. Se eu repetir continuamente que sou inglês, que sou francês, que sou hindu ou budista, estou inserido numa comunidade muito limitada que ocasiona grande destruição no mundo. Não nos aprofundamos até as raízes dessa questão para acabar com essa idéia tribal. Procuramos inventar guerras melhores. A ordem só pode se estabelecer quando o pensamento, necessário em outras áreas, não tiver lugar no mundo psicológico. O próprio mundo está em ordem quando o pensamento está ausente.

É preciso que o cérebro esteja absolutamente quieto. Ele tem seu próprio ritmo, é infinitamente ativo, e fica tagarelando o tempo todo, de um pensamento para o outro. Está constantemente ocupado. Geralmente não nos damos conta disso, mas se nos damos conta, sem nenhuma outra alternativa além deste movimento, então essa própria percepção, essa própria atenção, põe fim à tagarelice. Faça isso, tente, e você verá como é simples.

O cérebro tem de estar livre, contar com espaço e silêncio psicológico. Você e eu estamos conversando. Temos de lançar mão do pensamento porque estamos usando uma linguagem. Mas falar no silêncio... É preciso libertar-se das palavras. Aí sim, o cérebro ficará em silêncio absoluto, apesar de ter seu ritmo.

Então, o que é a criação? Qual é o início de tudo isso? Estamos questionando a origem da vida, não apenas da nossa vida, mas da vida de todo ser vivo: a baleia nas profundezas dos mares, os golfinhos, os pequenos peixes, as minúsculas células, a vastidão da natureza, a beleza do tigre. Desde a mais ínfima célula até os mais complexos seres humanos – com todas as suas invenções e imaginação, suas superstições, com suas brigas e suas guerras, com sua arrogância, vulgaridade, com suas ambiciosas aspirações e grandes depressões –, qual a origem disso tudo? A meditação nos conduz a essa descoberta. Não quer dizer que *você* vai descobrir. No silêncio, na quietude, na mais absoluta tranqüilidade, existe um começo? Porque se houver um começo deve ter um fim. Tudo que tiver origem terá fim. Esta é a lei da natureza. Então, existe uma razão para toda a criação do homem, a criação de seu modo de viver? Há um começo para tudo isso? Como iremos descobrir?

O que é criação? Não me refiro ao pintor, ao poeta, ao escultor; todas essas coisas são manifestações. Existe algo que não seja uma manifestação? Algo que, por não ser manifestado, não tem princípio nem fim? Tudo o que se manifesta tem princípio e fim. Nós somos manifestações. Não de ordem divina, mas produto de milhares de anos da assim chamada evolução, crescimento, desenvolvimento, e nós também temos um fim. Tudo o que se manifesta pode ser destruído, mas o que não se manifesta não tem tempo.

Nossa pergunta é se existe algo além do tempo. Este tem sido o questionamento dos filósofos, cientistas e religiosos, que buscam encontrar o que há além da capacidade humana, além do tempo. Porque se chegarmos a descobrir ou ver isso, teremos alcançado a imortalidade. Isto seria ir além da morte. O homem tem buscado isso de diversas maneiras, em diferentes partes do mundo, por meio de várias crenças, pois quando descobrirmos ou percebermos esse fato, então a vida não terá princípio nem fim. Estará além de qualquer conceito, além de toda esperança. É algo infinitamente grande.

Agora, voltando à terra. Veja, nunca olhamos a vida, a nossa própria vida, enxergando-a como um fantástico movimento de grande profundidade, uma vastidão. Reduzimos nossa existência a um acontecimento sem grande valor. E a vida é na verdade o que há de mais sagrado na existência. Matar, ter ódio ou ser violento é a mais terrível e anti-religiosa atitude que podemos ter contra alguém.

Jamais enxergamos o mundo como um todo, porque estamos fragmentados e excessivamente limitados, muito, muito pequenos. Nunca temos a sensação de inteireza, da qual o mar, a terra, a natureza, o céu, o universo e nós fazemos parte. Nem imaginamos – você

44

pode entrar numa espécie de fantasia e imaginar que é o universo, e chegar a ficar maluco. Tente romper esse interesse tímido e egocêntrico, livre-se de tudo isso, e daí em diante poderá mover-se infinitamente.

Meditação é isso, e não apenas sentar-se de pernas cruzadas, ou ficar de cabeça para baixo, ou seja lá o que for, mas ter a sensação de total inteireza e unificação com a vida. E esta sensação só pode acontecer quando houver amor e compaixão.

Um dos nossos problemas é que associamos o amor ao prazer, ao sexo, e para a maioria das pessoas o amor também significa ciúme, sentimento de posse, apego. É a isso que denominamos amor. Será que o amor é apego? Prazer? Desejo? Será que o amor é o oposto do ódio? Se for o oposto de ódio, então não é amor. Todos os opostos contêm seus próprios opostos. Quando tento *tornar-me* corajoso, esta coragem tem origem no medo. O amor não pode existir concomitantemente com o ciúme, a ambição e a agressividade.

E onde houver a virtude do amor, nascerá a compaixão. Onde houver compaixão haverá a inteligência – não a inteligência oriunda do egocentrismo, criada pelo pensamento ou obtida por meio de um vasto conhecimento.

Somente pela compaixão haverá a inteligência que trará ao homem a segurança, a estabilidade e a imensa sensação de força.

Viver sem a ação da vontade

A MEDITAÇÃO não é algo que *nós* fazemos. A meditação é um movimento que abrange todos os aspectos da nossa vida: como vivemos, como nos comportamos, se sentimos medo, ansiedade, amargura; se estamos continuamente em busca do prazer; se criamos imagens sobre nós mesmos e sobre os outros. Tudo isso faz parte da nossa vida, e compreender a vida com suas várias implicações e ser capaz de libertar-se delas é o propósito da meditação. Precisamos colocar ordem em nossa casa. Nossa casa é nosso eu. Essa ordem não é estabelecida de acordo com um padrão, mas, sim, quando nos tornamos conscientes do que é a desordem, do que é a confusão, por que nos contradizemos, por que há uma luta constante entre os opostos e assim por diante. O princípio da meditação é colocar as coisas nos seus devidos lugares. Se não agirmos assim – de verdade, não teoricamente, em nosso cotidiano, em cada momento de nossa vida –, a meditação tornar-se-á mais uma forma de ilusão, uma nova prece, outra maneira de desejar alguma coisa.

O que é o movimento da meditação? Temos de compreender a importância dos sentidos. A maioria das pessoas reage ou age de acordo com as necessidades, exigências e insistências dos nossos sentidos. Estes nunca agem como um todo; holisticamente, nossos sentidos não funcionam nem operam como um todo. Se você se observar e prestar atenção aos seus sentidos, verá que um ou outro se torna dominante e se sobressai em sua vida diária. Portanto, sempre haverá um desequilíbrio entre os outros sentidos.

O que estamos vendo agora é uma das partes da meditação.

Seria possível os sentidos atuarem como um todo? Você seria capaz de observar o movimento do mar, o brilho da água, sua incansável movimentação, observar toda essa massa de água, apenas com seus sentidos? Ou observar, olhar uma árvore, uma pessoa, um pássaro voando, um riacho, um pôr-do-sol, uma noite de luar, com todos os seus sentidos, completamente acordado? Se a resposta for sim, então você descobriu – *por si mesmo, não através de mim* – que os sentidos não se manifestaram a partir de determinado centro.

Você está tentando fazer isso enquanto conversamos? Olhe para sua namorada, seu marido, sua esposa ou para uma árvore com todos os seus sentidos totalmente alertas. Nessa atitude não existem limitações. Experimente e verá. Na maior parte das pessoas, os sentidos estão parcial ou particularmente acionados. Nunca nos movimentamos ou vivemos com todos os nossos sentidos inteiramente despertos, desabrochados. Colocar os sentidos em seus respectivos lugares não significa suprimi-los, controlá-los, nem mantê-los a distância. Isto é importante, porque se queremos nos aprofundar na meditação, a menos que estejamos conscientes dos nossos sentidos, eles produzirão diferentes formas de neuroses, diferentes formas de ilusão; vão dominar nossas emoções. Quando os sentidos se encontram inteiramente despertos, desabrochados, então nosso corpo aquieta-se por completo. Já observou isso? Muitos de nós forçamos nosso corpo a permanecer quieto, sem se mexer, sem se movimentar, porém, se todos os nossos sentidos estiverem funcionando de maneira saudável, normal e cheios de vitalidade, então o corpo relaxa e fica parado. Tente fazer isto enquanto conversamos.

Seria possível viver – diariamente, não de vez em quando – sem nenhuma forma de controle? Isto não quer dizer ter atitudes permissivas, fazer tudo o que queremos, ignorar as tradições. Por favor, pense seriamente na possibilidade de levar uma vida sem nenhum mecanismo de controle, porque quando existe o controle, existe a ação da vontade. O que é a vontade? "Farei isto; não devo fazer aquilo"; a vontade não seria a essência do desejo? Por favor, atente para esta questão; não a aceite nem a rejeite, enfronhe-se nela. Queremos saber se é possível levar uma vida desprovida da sombra do controle, na qual não exista a sombra do mecanismo da vontade. A vontade é essencialmente o movimento do desejo. A partir da percepção, do contato, da sensação, assomam o desejo e o pensamento com suas imagens.

Seria possível viver sem a ação da vontade? Muitos de nós vivemos com restrições, controle, anulação, fuga, mas quando você diz: "Preciso controlar minha raiva, meu ciúme, minha preguiça, minha indolência", quem é o controlador? O controlador diferencia-se daquilo que está sendo controlado? Ou ambos são a mesma coisa? O controlador é o controlado. O controlador é a essência do desejo, e ele está tentando controlar suas atividades, seus pensamentos, seus desejos. Ao perceber isto, poderemos levar uma vida que não seja promíscua, que não se restrinja a fazer o que queremos, mas uma vida sem qualquer forma de controle? Pouca gente refletiu sobre essa questão. Sou contrário a qualquer sistema, a qualquer forma de controle porque, nesses casos, a mente jamais é livre; está sempre se submetendo a um padrão, quer esse padrão tenha sido estabelecido por alguém ou por nós mesmos.

Então, o tempo pode chegar ao fim? Por favor, note como isto é importante. Nossos cérebros estão condicionados ao tempo. São o resultado de milhões de anos ou mais, de imemoriáveis séculos e mais séculos de condicionamento. O cérebro evoluiu, desenvolveu-se, aprimorou-se, mas ainda é muito, muito antigo. À medida que evolui, funciona dentro de um tempo. No momento em que você diz: "Eu quero", está dentro de um tempo. Quando você diz: "Preciso fazer aquilo", também está dentro de um tempo. Tudo o que fazemos envolve o tempo, e nosso cérebro está condicionado não só ao tempo cronológico, mas também ao psicológico. O cérebro vem se transformando há milênios, e a própria idéia, a própria questão de nos perguntarmos se o tempo pode chegar ao fim é um processo de paralisação. É um choque.

Parte da meditação dedica-se a descobrirmos por nós mesmos se o tempo pode parar. Não se consegue isto dizendo: "O tempo deve parar"; não tem sentido. O cérebro poderá perceber que não existe futuro? Ou vivemos em desespero ou cheios de esperança. Parte do tempo é a destrutiva natureza da esperança: "Sou infeliz, descontente, inseguro; oxalá pudesse ser feliz"; ou da fé, a invenção dos sacerdotes por todo o mundo: "Você está sofrendo, mas tenha fé em Deus que tudo vai dar certo". Acreditar em alguma coisa envolve tempo. Você suportaria a idéia de que não existe o amanhã, psicologicamente? É parte da meditação descobrir que, psicologicamente, o amanhã não existe. Esperar por algo, o prazer de pensar no futuro, implica tempo.

48

O que não significa que devemos descartar a esperança; significa que compreendemos o movimento do tempo. Se descartarmos a esperança, nos tornaremos amargurados e, então, diremos: "Para que viver? Qual o sentido da vida?". Daí surgem os absurdos começos da depressão e da angústia de viver sem nenhum futuro. Queremos saber se o pensamento, assim como o tempo, pode parar. O pensamento é relevante no seu devido lugar, mas psicologicamente não tem nenhuma importância. O pensamento é a reação à memória, nasceu da memória. A memória é a experiência, à medida que o conhecimento vai sendo armazenado nas células cerebrais. Para observar seu próprio cérebro você não precisa se tornar um especialista. As células cerebrais retêm a memória; é um processo mecânico, não há nada de sagrado, nada santificado sobre ele. Foi o pensamento que criou tudo o que fizemos: chegar até a Lua e fincar uma bandeira em seu solo; ir às profundezas dos oceanos e viver lá; todas as tecnologias complexas e suas máquinas. O pensamento foi o responsável por tudo isso. Inclusive por todas as guerras. É tão óbvio que não há o que contestar. Os pensamentos dividiram o mundo entre Inglaterra, França, Rússia etc. E também criaram a estrutura psicológica do "eu". Este "eu" não é sagrado nem divino. É apenas o pensamento reunindo ansiedade, medo, prazer, tristeza, dores, apegos e o medo da morte. Adicionou o "eu" que é a consciência. A consciência é aquilo que ela contém; sua consciência é o que você é: suas ansiedades, seus medos, suas lutas, seus estados de espírito, seus desesperos, prazeres e assim por diante. É muito simples. Tudo isso é conseqüência do tempo. Ontem, fui psicologicamente ofendido; você disse algo que me feriu e isto é parte da minha consciência. Portanto, a consciência é o resultado do tempo. Quando perguntamos se o tempo pode findar, referimo-nos ao completo esvaziamento da consciência com todos os seus conteúdos. Se você consegue ou não realizar isto, é outro assunto, mas o sentido é esse.

Estamos investigando o tempo e as irremovíveis camadas da consciência – sensação, desejo e sua completa estrutura – para verificarmos se a consciência, que é o resultado do tempo, pode esvaziar-se totalmente, para que o tempo chegue psicologicamente ao fim. Você tem consciência de sua consciência, não tem? Você sabe quem é, se já pensou nisso o bastante. Se já pensou, sabe que toda a labuta, todos os conflitos, toda a infelicidade e toda a insegurança fazem parte de você, da sua consciência. Suas ambições, sua avidez, agressividade, raiva, amargura são partes dessa consciência, que foi se acumulando por milhares de "ontem" até os dias de hoje. Estamos indagando se essa consciência, que é resultado do tempo, consegue esvaziar-se psicológica e fisiologicamente, de tal modo que o tempo possa chegar ao fim. Vamos descobrir se é possível. Se você disser que não, então acaba de fechar a porta. E se disser que é possível, também fechou a porta. Mas se disser: "Vamos tentar descobrir", então você está aberto para a experiência e ansioso para desvendá-la.

Se você pretende aprofundar-se seriamente no assunto, a questão agora é saber se é possível esvaziar por completo todos os conteúdos de nosso eu, de nossa consciência, que foram construídos no tempo. Não é possível fazer com que os conteúdos de nossa consciência – nossas mágoas e feridas psicológicas – terminem? Muitos de nós fomos psicologicamente feridos na infância. Isso faz parte da nossa consciência. Será que conseguimos extirpar completamente essa ferida, sem deixar marcas? Você consegue, não consegue? Se prestar atenção ao ferimento, saberá o que o ocasionou: a imagem que tem de si mesmo é que foi ferida. Essa imagem pode desaparecer se você se fixar nela intensamente. Ou, se estiver apegado a alguém, esposa ou marido, a uma crença, a um país, a uma seita, a um grupo de pessoas, a Jesus, será que você não pode, de maneira totalmente lógica, sã, racional, abrir mão desse apego? Porque o apego implica ciúme, ansiedade, medo, dor; e quanto mais dor sentir, mais apego terá. A inteligência floresce quando compreende a natureza do apego. Ela compreende a tolice que é o apego e este acaba.

Experimente. Digamos que você tenha determinado hábito psicológico, sempre pensando na mesma direção. Isto é uma parte da sua consciência. Será que o pensamento pode afastar-se dessa tediosa rotina? Claro que sim. É possível retirar todo o conteúdo. Porém, se fizer uma coisa por vez – apegos, mágoas, ansiedades etc., vai levar uma infinidade de tempo. Lá estamos nós, novamente, escravos do tempo. Seria possível esvaziá-lo instantaneamente como um todo, não em partes, sem envolver o tempo? Sempre que agirmos por partes estaremos presos ao tempo. Se realmente você enxergar esta verdade, certamente não se livrará do conteúdo parcialmente.

50

A conscientização não é minha, não é uma consciência individual, ela é universal. Minha consciência é igual à sua ou à de qualquer pessoa. Todos nós sofremos e nos angustiamos. Talvez uns poucos privilegiados estejam muito além e fora da maioria, mas isto é irrelevante.

Seria possível observar a coisa em sua totalidade e, nessa mesma observação do todo, enxergar seu fim? Seria possível observar nossa dor, ansiedade e culpa em sua completa dimensão? Digamos que me sinto culpado. Será que posso olhar a culpa, saber como ela surgiu, o que a motivou, ver o pavor que sinto diante dela, ver toda sua estrutura e observá-la na sua completa totalidade? Claro que sim, mas posso apenas observar sua totalidade quando eu tiver consciência da natureza do sofrimento. Posso estar ciente dele se não houver nenhum comando ou motivo envolvido nessa conscientização.

Vou mais adiante. Digamos que eu esteja apegado a alguém ou a alguma coisa. Será que poderia observar as conseqüências desse apego, o que o está atraindo, como ele surgiu? Poderia instantaneamente observar toda sua estrutura? Estou apegado porque me sinto solitário, quero conforto, quero depender de alguém porque não consigo viver sozinho, preciso de companhia, preciso que alguém me diga: "Está se saindo muito bem, meu velho". Preciso de alguém que segure minha mão; estou deprimido e angustiado. Logo, dependo de alguém, e dessa dependência origina-se o apego, e desse apego, o medo, o ciúme, a angústia. Poderia observar imediatamente toda a estrutura desse apego? Claro que sim, desde que eu esteja consciente e profundamente interessado em chegar ao fundo da questão.

O que estamos dizendo é que, em lugar de ir desvendando aos pedaços, é possível ver a natureza inteira e a estrutura do movimento da consciência, com todos os seus conteúdos. É possível ver o conteúdo que forma a consciência e vê-lo em sua totalidade. E quando percebemos sua totalidade, ela se desintegra. Ter uma percepção completa da natureza integral da consciência implica não ter nenhuma razão ou lembrança, somente uma percepção instantânea da natureza da consciência. E essa mera percepção dissolve o problema.

Todo nosso desenvolvimento tecnológico baseia-se em medições. Se não tivéssemos medidas, não haveria nenhum avanço tecnológico. O conhecimento é o movimento na medição: eu sei, eu saberei. Tudo são medidas, e a medida transferiu-se para o campo psicológico.

Se observarmos a nós mesmos, veremos facilmente como a coisa funciona. Estamos sempre fazendo comparações psicologicamente. Será que conseguimos acabar com as comparações – o que seria também o fim do tempo? *Medida* significa comparar-me com o outro e desejar ser ou não ser como ele. Tanto o processo de comparação positivo como o negativo fazem parte da medição. Seria possível viver nosso cotidiano sem nenhuma espécie de comparação? Você compara dois materiais, ou duas cores de um tecido. Mas, de forma psicológica, interiormente, você conseguiria libertar-se por completo das comparações, o que significa libertar-se das medições? A medição é o movimento do pensamento. Então, será que o pensamento pode cessar? Veja, a maioria das pessoas *tenta* parar o pensamento, o que é impossível. Durante uma fração de segundo você pode dizer: "Parei de pensar", mas é forçado, compelido, é uma forma de dizer: "Medi um segundo enquanto não pensava". Todos que já refletiram profundamente sobre essa questão já se perguntaram se o pensamento pode cessar. O pensamento é oriundo do conhecer. Conhecimento é saber e está ligado ao passado. Será que esse pensamento pode cessar? Podemos nos livrar do conhecer? Estamos sempre agindo a partir do conhecimento, e nos tornamos excepcionalmente capazes e imitadores, comparando. Estamos sempre nos esforçando para ser alguma coisa. Será que assim o pensamento pode cessar?

Falamos sobre medições, controle, importância dos sentidos em seus devidos lugares. Tudo isso faz parte da meditação.

Será que o cérebro, que tem milhões de anos, que está tão fortemente condicionado, tão repleto de coisas que o homem vem introduzindo nele durante séculos, que vem agindo automaticamente todo o tempo, pode libertar-se do conhecimento e nunca, nunca envelhecer fisicamente? Alguma vez você já não quis saber se o cérebro poderia perder o peso que carrega, tornar-se livre e jamais se deteriorar? Ou seja, nunca mais registrar nada psicologicamente, nem lisonjas, insultos, imposições ou pressões, mantendo a fita completamente virgem. Aí será sempre jovem. Ingenuidade significa um cérebro que jamais foi ferido. A ingenuidade não conhece a infelicidade, os conflitos, os tormentos, a dor. Quando todos esses sentimentos ficam registrados no cérebro, ele se torna limitado e velho, à medida que envelhece fisicamente. Portanto, se não houver nenhum registro psicológico, o cérebro torna-se extraordinariamente quieto, viçoso. Isto não é uma esperança nem um prêmio. Ou você experimenta e descobre, ou apenas aceita as palavras e diz: "Que maravilha isso deve ser: gostaria de viver essa experiência". Em virtude da percepção, as células cerebrais sofrem uma mudança. Já não se prendem às memórias. O cérebro deixa de ser o armazenador de uma vasta coleção de antiguidades. Também devemos nos perguntar: Existe algo sagrado na vida? Existe algo santificado, intocado pelo pensamento? Colocamos como símbolos nas igrejas aquilo que consideramos sagrado – a Virgem Maria, Cristo crucificado. Na Índia eles têm suas próprias imagens, assim como os países de crença budista, e essas tornaram-se sagradas: nomes, estátuas, imagens, símbolos. Mas *existe* algo sagrado na vida? *Sagrado* no sentido de imortal, imutável, de eternidade em eternidade, o que não tem princípio nem fim. É uma coisa que não podemos descobrir – ela surge depois que descartamos tudo aquilo que se tornou sagrado por intermédio do pensamento. Quando as igrejas com suas pinturas, sua música, suas crenças, seus rituais e dogmas forem compreendidos e completamente rejeitados, quando não mais houver padres, gurus, seguidores, então, nesse primoroso silêncio poderá surgir alguma coisa que não foi tocada pelo pensamento, porque este silêncio não foi criado pelo pensamento.

Temos de penetrar em toda a natureza do silêncio. Há silêncio entre dois ruídos, entre dois pensamentos, entre duas notas musicais. Há silêncio após o ruído. Há silêncio quando o pensamento diz: "Preciso ficar em silêncio", criando um silêncio artificial e pensando que é o verdadeiro. Há silêncio quando nos sentamos tranqüilamente e forçamos nossa mente a calar-se. Todos esses silêncios são artificiais; não são reais, profundos, incultivos, não premeditados. O silêncio só pode apresentar-se psicologicamente quando não houver qualquer tipo de registro. Então, a mente, o próprio cérebro, está absolutamente imóvel. Nessa densa profundidade silenciosa, que não foi induzida, cultivada, nem praticada, poderá surgir o extraordinário sentido de algo imensurável, inominável.

Todo esse movimento, do começo ao fim dessas palavras, é parte da meditação.

Harmonia entre o conhecido e o desconhecido

D E QUE maneira a mente poderá saber que encontrou o que se chama de inalcançável, imensurável, o mais sublime? Já que não há como ela *conhecer* aquilo que é ilimitado, desconhecível, aquilo que é impossível experimentar, a mente como um todo tem de se libertar de toda a espécie de dor, angústia, medo e, finalmente, do desejo que cria a ilusão. O "mim", com todas as suas imagens, é o centro por meio do qual se dividem todos os relacionamentos que, por sua vez, vão originar os conflitos. Se a mente não desenvolveu um relacionamento correto com o outro, apenas refletir a respeito ou buscar a realidade não tem nenhum sentido, porque a vida *é* relacionamento. A vida é ação no relacionamento, e se esse não for profunda e inteiramente compreendido e estabelecido, não podemos ir muito longe. Sem isto, a busca por si só converte-se numa forma de fuga da realidade do relacionamento. Enquanto a mente não tiver assumido uma postura correta, a ordem que é a virtude, uma busca ou pesquisa do que é real carece de significado, porque a mente que não se libertou dos conflitos só pode refugiar-se naquilo que ela *considera* real.

Como poderá a mente – que está tão condicionada, que foi moldada pelo meio ambiente e pela cultura onde nasceu – descobrir o que não é condicionamento? Como pode a mente, que está sempre em conflito interior, encontrar aquilo que nunca esteve em conflito? Assim como na investigação, a busca não tem significado. O que tem significado e importância é se a mente pode libertar-se, libertar-se do medo, de suas pequenas e egoístas lutas, da violência e assim por diante. Poderá a mente – a sua mente – livrar-se disso? Esta é a verdadeira investigação. E quando a mente se torna de fato livre, será capaz, sem correr o risco de enganar-se, de perguntar a si mesma se existe ou não algo absolutamente verdadeiro, imutável, imensurável.

Sabe, é muito importante descobrir isso sozinho, pois se você tiver de ser sua própria luz, não poderá, de maneira alguma, pegar a luz de outra pessoa ou ser iluminado por outra pessoa. Terá de descobrir sozinho o movimento completo da vida, com toda a sua fealdade, beleza, prazeres, infelicidade, confusões, e sair fora dessa corrente. E se você conseguir, e sei que conseguirá, então, o que é a religião? Todas as religiões organizadas são formas de pensamentos que construíram uma estrutura, uma legenda em torno de uma pessoa, de uma idéia ou de uma conclusão. Isso não é absolutamente uma religião. Religião é uma vida vivida em sua plenitude, integral, não fragmentada. Muitas mentes estão partidas, fragmentadas, e tudo o que é fragmentado é corrupto. Logo, qual a mente, o cérebro, que pode agir no mundo no campo do conhecimento, e também viver livre do conhecido? Essas duas áreas precisam conviver em harmonia. Investigando seriamente sobre isto, perguntamos: O que é meditação? Vamos descobrir por nós mesmos se ela possui qualquer sentido. Para fazer isso, você precisa desfazer-se completamente de qualquer noção que lhe foi dita a respeito da meditação. Você é capaz? Ou está preso numa rede, numa armadilha elaborada por idéias alheias sobre meditação? Se for este seu caso, você está meramente se divertindo ou tentando encontrar a luz de outrem por meio de algum exercício. Enquanto se exercita, está adaptando sua mente a um padrão estabelecido por alguém. Não siga ninguém – nem este autor. Não aceite o que outros lhe disserem, porque você tem de ser sua própria luz. Terá de caminhar com suas próprias pernas e, para fazer isso, porque você é o mundo e o mundo é você, terá de livrar-se das coisas do mundo, ou seja, libertar-se do "mim", do ego, com todas as suas agressões, vaidades, estupidez e ambições.

Afinal, o que é meditação? Como descobrir? É óbvio que para ver algo com muita, muita clareza, a mente precisa estar quieta. Se quero ouvir o que está sendo dito, preciso prestar atenção, e esta atenção tem a natureza do silêncio. Para perceber não apenas o significado das palavras, mas o que está além delas, preciso ouvir muito, muito, cuidadosamente. Nesse ato de ouvir, não estou interpretando, julgando ou avaliando o que está sendo dito. Na verdade, estou ouvindo a palavra e o que subsiste atrás dela, ciente de que a palavra não é a coisa, que a descrição não é o descrito. Logo, estou ouvindo-o com total atenção. Nesta atenção não existe o "mim" como ouvinte, o "mim" que se separa de você que está falando, que separa o "mim" e o "você". Então, a mente que é capaz de ouvir perfeitamente aquilo que está sendo dito e ir além da palavra precisa estar totalmente atenta. Isso acontece quando admiramos uma árvore com total atenção, quando ouvimos música, ou quando ouvimos alguém nos contar alguma coisa muito séria ou urgente. Este estado de atenção, no qual o "mim" está totalmente ausente, é a meditação. Porque nele não há uma direção, nem fronteiras que o pensamento tenha construído ao redor da atenção.

A atenção pressupõe uma mente que não tem desejos de adquirir, de apossar-se, de chegar ou de ser alguma coisa. Do contrário, os conflitos se manifestam. Portanto, a atenção é a ausência total de conflitos, um estado de espírito no qual o direcionamento e a vontade não encontram guarida. E isso acontece quando o ouço falar, quando ouço o canto de um pássaro, ou quando olho as montanhas majestosas. Nesse estado de atenção, não há separação entre o observador e o observado. Quando *houver* separação, haverá conflito.

Esse é o começo da meditação. Quando uma mente estiver investigando seriamente, essa meditação se fará necessária, porque se nosso modo de viver perdeu todo o significado, nossa vida volta a ser significativa. Transforma-se num movimento, na harmonia entre o conhecido e o desconhecido.

A meditação é a vida diária, em que não há nenhum tipo de controle. Despendemos uma imensa quantidade de energia que se dissipa por meio do controle. Passamos o dia controlando: "Devo" e "Não devo", "Deveria" e "Não deveria". Reprimindo, expandindo, retendo, retirando, apegando-se e desapegando-se, exercitando a vontade para conseguir, para lutar, para construir – em todas essas situações a direção está sempre presente, e onde existe a direção deve haver o controle. Passamos os dias controlando, e não sabemos como viver completamente livres desse controle. Uma profunda investigação com muita seriedade torna-se premente para encontrarmos um meio de viver sem a menor sombra de controle.

Por que controlamos tudo, e quando controlamos, quem é o controlador e quem é o controlado? E o que ele está controlando, isto é, reprimindo, dirigindo, moldando, adaptando ou imitando? Podemos observar em nós mesmos nossos desejos contraditórios: querer e não querer, fazer isto e não aquilo, os opostos da dualidade. Será que a dualidade existe, mesmo? Não me refiro a opostos como homem, mulher, claro, escuro; mas interior e psicologicamente existem opostos, ou apenas "aquilo que é"? A dualidade só aparece quando não sei o que fazer com "aquilo que é". Se eu souber o que fazer com "aquilo que é", se a mente for capaz de lidar com "aquilo que é", o oposto não é necessário. Ou seja, se você é violento, como a maioria das pessoas o é, a prática do oposto, a não-violência, não tem sentido, porque existe um intervalo de tempo, e durante esse intervalo você está sendo violento. O que faz sentido é preocupar-se em ir além da violência, não ao seu oposto, e livrar-se dela. Como estou sempre traduzindo o novo baseando-me no antigo, nunca me deparo com o novo com a mente limpa. Interpreto a nova reação, o novo sentimento como violência, porque estou olhando para ele com idéias, conclusões, palavras e significados referentes ao passado. E o passado, então, cria o oposto "daquilo que é". Entretanto, se a mente pode observar "aquilo que é" sem rotular, sem categorizar, sem colocá-lo dentro de uma moldura, nem esbanjar energia para fugir dele, se ela pode olhar para "aquilo que é" sem o observador, que é o passado, olhar para ele sem os olhos do passado, então você estará completamente livre dele. Experimente e verá.

Você já notou em si mesmo que sempre existe um observador e um observado? Existe você olhando o objeto, e aí está a divisão entre você e o objeto que observa. Você observa uma árvore, e o observador, que é o passado, diz: "Aquilo é um carvalho". Ao dizer "Aquilo é um carvalho", o conhecimento é o passado e o passado é o observador. Logo, o observador é diferente da árvore. Sem dúvida, isso é correto. Mas quando estamos lidando com fatores psicológicos, o observador também é diferente do objeto observado? Quando digo: "Sou violento", o observador, aquele que vê, que diz "sou violento" é diferente daquilo que ele considera violento? Lógico que não. Portanto, quando o eu se separa do fato, como observador, surge a dualidade, o conflito, e tenta fugir do conflito de várias maneiras, a ponto de o observador não ser capaz de perceber o fator violência. Você se esforça para compreender esse movimento de separação como observador, e o observado, que origina o conflito, entretanto, não há nenhuma relação direta entre eles.

Na meditação, a vida é um movimento integral, não fragmentado, nem subdividido entre "mim" e "você". Não há um *mim* que tem a sensação. Você percebe que a mente é incapaz de sentir algo que não conhece? Não há nenhuma possibilidade de a mente sentir o imensurável. Podemos dar significado à palavra e dizer: "Vou ter a sensação do imensurável", da consciência maior, e de todo o resto, mas quem tem a sensação? O experimentador é o passado, e ele só pode reconhecer a sensação em termos de passado, portanto, é algo que já conhece. Já na meditação não existe o experimentador. Ah, se conseguir realizar isso, subirá às nuvens.

Você não só terá de compreender todo esse movimento do dia-a-dia, que é parte da meditação, totalmente isenta de controle, e por isso isenta de conflitos e de direção, como também deverá levar uma vida vigorosa, ativa, verdadeira e criativa. Na meditação, a mente permanece em completa quietude, silenciosa. Como você sabe, no silêncio há espaço, na mente não. Ela está atulhada dos conhecimentos adquiridos e constantemente preocupada consigo mesma – o que deve e o que não deve fazer, o que precisa alcançar, o que precisa ganhar, o que os outros estão pensando a seu respeito. Está lotada dos conhecimentos dos outros, conclusões, idéias e opiniões. Por isso, temos pouco espaço em nossas mentes. E uma das causas da violência é a falta de espaço. Dentro de nós há pouco espaço, e nós precisamos de espaço. Faz parte da meditação descobrir o espaço que não foi criado pelo pensamento, pois quando ele existe, a mente funciona em sua plenitude. Um cérebro que está em completa ordem – ordem absoluta, não relativa – está livre de conflitos e, por conseguinte, pode movimentar-se no espaço.

O silêncio é realmente a suprema forma da mais alta ordem. Logo, o silêncio não é algo que você inventa, que tenta experimentar ou ter consciência dele. No momento em que tomamos consciência de que estamos em silêncio, o silêncio já não existe. O silêncio é a suprema ordem matemática, e, nele, as outras partes do cérebro que não estavam ocupadas, que não tinham sido ativadas, se tornam totalmente alertas. Por estar liberto dos conflitos, o cérebro adquire enorme espaço, não aquele criado pelo pensamento, mas uma verdadeira sensação de espaço, e o espaço não possui limites. O pensamento não tem lugar de modo algum. Enquanto escrevo isto, estou empregando o pensamento, utilizando as palavras que o pensamento usa para

58

comunicar-se, mas a descrição não é o descrito. Então, a mente com seu cérebro torna-se totalmente silenciosa e, portanto, dentro da mais suprema ordem. Onde houver ordem, haverá amplo espaço. E o que reside nesse amplo espaço ninguém poderá relatar, porque é absolutamente indescritível. Qualquer pessoa – não importa quem – que o descreva ou tente atingi-lo por meio de palavras repetitivas, e de todo aquele monte de bobagens, está descrendo do que é de fato divino e sagrado. Isto é meditação. E é parte do nosso cotidiano; não é algo para ser feito em momentos críticos; está sempre presente, trazendo ordem a tudo que realiza. Nisso reside a grande beleza. Não a beleza que está nas montanhas, nas árvores, nas pinturas dos museus ou na música, porque a coisa *é* a beleza e, portanto, o amor.

Uma vida sagrada

SEMPRE QUE o *eu* está em atividade, não pode haver meditação. É importante compreender isto, não verbalmente, mas de verdade. A meditação é um processo de esvaziar a mente de toda a atividade do eu, de toda a atividade do "mim". Se você não compreender o que é a atividade do eu, então sua meditação é ilusória, somente conduz à decepção e, mais adiante, à distorção. Para entender o que é a meditação é preciso conhecer a atividade do eu.

O eu tem passado por milhares de sensações mundanas, sensuais ou intelectuais, mas entediou-se, porque elas não têm nenhum significado. O desejo de vivenciar sensações maiores, mais expansivas e transcendentais é parte do "mim", do eu. Quando vivemos essas sensações ou visões precisamos reconhecê-las, e quando as reconhecemos elas não são novas, são projeções de nosso passado, de nosso condicionamento; com as quais a mente se deleita como se fossem novas.

Uma das necessidades, exigências e desejos da mente, do eu, é transformar "aquilo que é" em "aquilo que deveria ser". Ela não sabe o que fazer com "aquilo que é", porque não consegue distingui-lo, portanto, projeta uma idéia do "aquilo que deveria ser", que seria o ideal. Essa projeção é a antítese "daquilo que é"; estabelece-se então o conflito entre "aquilo que é" e "aquilo que deveria ser". O próprio conflito é o sangue e o alento do eu.

Outra atividade do eu é a vontade – a vontade de vir a ser, de mudar. A vontade é uma forma de resistência que nos foi ensinada desde a infância. A vontade assumiu um aspecto imensamente importante para nós, econômica, social e religiosamente. A vontade é uma forma de ambição e desta surge o desejo de controlar – controlar um

60

pensamento com outro, uma atividade do pensamento com outra. "Preciso controlar meu desejo": o "eu" associa-se ao pensamento, uma declaração verbal, assim como o "mim" a suas lembranças e sensações. Um pensamento quer controlar, moldar e negar outro pensamento. Uma das atividades do eu é separar-se do "mim" como observador. O observador é o passado, todo o conhecimento acumulado, sensações e lembranças. Então, o "eu", o "mim" separa-se, como observador, do "tu" que é o observado. "Nós" e "eles". Nós, os alemães, os comunistas, os católicos, os hindus, e eles, os pagãos etc. Enquanto as atividades do eu – o "mim" como observador, como controlador, como vontade; a necessidade do eu, as sensações desejadas – existirem, a meditação se tornará um meio de auto-hipnose, uma fuga da realidade, da infelicidade e dos problemas. Enquanto essas atividades existirem, haverá desilusões. Olhe para a realidade, não verbalmente, mas de fato, pois a pessoa que se interessa pela meditação, que quer ver o que está acontecendo, precisa compreender as atividades do eu.

A meditação é o esvaziamento da mente das atividades do eu. E não se pode esvaziar a mente da atividade do eu por intermédio de um exercício, de um método, ou simplesmente dizendo: "Diga-me o que devo fazer". Portanto, se está realmente interessado nesse assunto, você deve encontrar por si mesmo a atividade do seu próprio eu – os hábitos, as afirmações, as atitudes, as desilusões, a culpa que você carrega e cultiva como se fosse algo precioso, em lugar de jogá-la fora, os castigos –, todas as atividades do eu. E isto exige atenção.

Agora, o que é estar atento? A atenção requer uma observação na qual não há qualquer tipo de alternativa, apenas a observação sem julgamentos, interpretações ou distorções. Não há interferência da vontade enquanto houver um observador que está *tentando* prestar atenção. Será que você consegue ficar tão atento de modo que nessa atenção exista apenas a observação, sem o observador?

Ouça isto. Você leu aquela afirmação: a atenção é um estado mental no qual o observador não tem alternativa. Você ouviu essa declaração. Quer colocá-la em prática imediatamente, perguntando: "O que devo fazer? Como posso ficar atento sem o observador?". Quer agir em seguida – isso significa que você não ouviu realmente a declaração. Está mais preocupado em ver como a afirmação atua do

61

que em ouvi-la. É como olhar uma flor e cheirá-la. A flor está ali, com sua beleza, suas cores, sua delicadeza. Você olha para a flor, colhe-a e começa a rasgá-la em pedaços. Faz a mesma coisa quando ouve a afirmação de que na atenção não há observador porque, se houver, você estará diante do problema da escolha, o conflito. Você ouve a afirmação e a reação imediata da mente é: "Como vou conseguir realizar isto?". Quer dizer: você está mais preocupado com o ato de como realizar a declaração do que em ouvi-la realmente. Se ouvir plenamente, estará aspirando seu perfume, sua verdade. São o perfume e a verdade que atuam, não o "mim" que está lutando para agir corretamente. Percebeu?

Logo, para descobrir a beleza e a profundidade da meditação é preciso investigar as diversas atividades do eu, que está ligado ao tempo. Então, é preciso conhecer o tempo.

Por favor, ouça isto; só ouça, não faça nada. Descubra se é falso ou verdadeiro. Observe apenas. Ouça com o coração, não com sua mente grosseira.

Tempo é movimento, tanto física como psicologicamente. Para nos movermos de um ponto a outro fisicamente, é preciso tempo. Psicologicamente, o movimento do tempo é mudar "aquilo que é" em "aquilo que deveria ser". Logo, o pensamento, que é tempo, nunca pode ficar parado, porque é movimento, e esse movimento é parte do eu. Dizemos que o pensamento é o movimento do tempo, porque é a resposta ao conhecimento, às sensações, às lembranças, que são o tempo. Por isso, o pensamento nunca pode ficar quieto. Nem pode ser novo. O pensamento jamais pode originar a liberdade.

Quando temos consciência do movimento do eu em todos os seus aspectos – como ambição e busca de satisfação no relacionamento –, surge *a mente* totalmente imóvel. Não o pensamento imóvel – você compreende a diferença? Muita gente procura controlar os pensamentos, esperando, com isso, manter a mente quieta. Conheci dezenas de pessoas que praticaram o controle do pensamento durante anos, esperando obter a quietude da mente. Mas elas não sabem que o pensamento é movimento. Podemos dividir esse movimento entre o observador e o observado, ou entre o pensador e o pensado, entre o controlador e o controlado, e continua sendo um movimento. O pensamento jamais se aquieta: se se aquietar está morto; portanto, não pode pretender manter-se imóvel.

62

Se você pensou nisso com seriedade, interiormente, então verá que a mente se torna imóvel – não forçada, controlada ou hipnotizada. E precisa ficar imóvel, porque somente nessa imobilidade podem surgir coisas novas e desconhecidas. Se eu forçar minha mente a ficar serena diante dos mais variados truques, exercícios ou impactos, então essa serenidade é fruto de uma mente que lutou contra os pensamentos, controlou-os ou dominou-os. É muito diferente da mente que viu a atividade do eu e o movimento do pensamento como tempo. A própria atenção a todo movimento provoca uma maneira de ser da mente, que é o silêncio absoluto, no qual algo novo pode acontecer. A meditação é o esvaziamento da mente de toda e qualquer atividade do eu. E isso demora? Será que o esvaziamento, ou melhor – não vou usar a palavra *esvaziamento,* para não assustá-lo –, será que esse processo do eu consegue chegar ao fim com o tempo, em dias ou anos? Ou ele termina de repente? Isso é possível? Tudo isso é parte da meditação. Quando você pensa: "Vou me livrar gradativamente do eu", isto é parte do seu condicionamento e, nesse meio tempo, você se dedica à diversão. Quando você introduz a palavra *gradativamente,* ela envolve tempo, um período, e durante esse período você se diverte – com todos os prazeres, todas as sensações de culpa que você aprecia, que insiste em manter, e as angústias que também lhe dão certo sentido de vida. Para livrar-se de tudo isso, você diz: "Vai demorar". Isso faz parte de nossa cultura, do nosso condicionamento evolutivo. Agora, será que, psicologicamente, demora pôr um fim nas atividades do eu? Ou é imediato, já que a liberação de uma nova espécie de energia irá afastar tudo aquilo imediatamente?

Será que a mente enxerga, de fato, a falsidade da proposição que necessita de tempo para dissolver as atividades do eu? Conseguimos ver isto com clareza? Ou intelectualmente percebo que não está muito certo, mas mesmo assim continuo com as mesmas idéias? No momento em que percebo de fato a falsidade, então ela deixa de existir, concorda? O tempo já não está mais envolvido. O tempo só é necessário quando há análise, pesquisa ou exame de cada um dos pedaços que constituem o "eu". Quando consigo enxergar todo o movimento como um pensamento, então ele deixa de ter valor, embora o homem o tenha aceitado como inevitável. Então, quando a mente vê a falsidade, a falsidade chega ao fim. Não nos aproximamos muito de um precipício, a menos que sejamos desequilibrados ou loucos; se formos mentalmente sãos e saudáveis, nos manteremos afastados. O movimento que nos afasta não leva tempo, é uma ação instantânea, porque sabemos o que aconteceria se caíssemos. Da mesma forma, vemos a falsidade de todo o movimento do pensamento, da análise, da compreensão do tempo etc., e então ocorre a ação instantânea do pensamento como o "eu", desaparecendo.

Portanto, uma vida religiosa é a vida da meditação, na qual não existe a atividade do eu. Podemos levar esse tipo de vida todos os dias neste mundo. Isto é, podemos viver como seres humanos, onde existe uma vigilância constante, uma observação e uma mente atenta, que está alerta ao movimento do eu. A observação é feita a partir do silêncio e não de conclusões. A mente observou as atividades do eu e viu que são enganosas; não obstante, tornou-se extraordinariamente sensível e silenciosa. E, a partir desse silêncio, ela atua. *Na vida diária.*

Compreendeu? Será que compartilhamos esse assunto? Trata-se da sua vida e não da minha. É sua a vida de amargura, tragédia, confusão, culpa, recompensa, castigo. Sua vida é tudo isso. Se suas intenções são sérias, você tentou desvendar esta questão. Você leu diversos livros, ouviu professores e muita gente, mas sua vida não mudou. Os problemas continuarão a existir sempre que a mente humana se movimentar dentro do campo da atividade do eu. A atividade do eu *precisa* criar mais e mais problemas. Quando você observar, quando se tornar extremamente consciente da atividade do eu, então a mente se tornará quieta, sadia e sagrada de modo extraordinário. E, a partir desse silêncio, nossa vida em qualquer atividade se transformará.

A religião é o término do "eu" e ação oriunda do silêncio. Esta sim é uma vida sagrada e repleta de significado.

Observação a partir de uma mente silenciosa

PARA DESCOBRIRMOS o que significa o amor, teremos de nos libertar do sentimento de posse, do apego, do ciúme, da raiva, do ódio, da angústia e do medo? Vamos nos deter aqui por um momento. Quando você se apega, se apega a quê? Digamos que estejamos apegados a uma mesa. O que isso envolve? Prazer, sensação de posse, apreciação de sua utilidade, sensação de que é um móvel maravilhoso etc. Quando um ser humano se apega a outro, o que acontece? Quando alguém se apega a você, apega-se com qual sentimento? Nesse apego existe orgulho pela sensação de posse, de domínio, medo de perder essa pessoa. Por conseguinte, ciúme, mais apego, maior sensação de posse e angústia. Se não houver apego, significa que não existe amor nem responsabilidade? Para a maioria das pessoas o amor significa o detestável conflito entre seres humanos e, daí, o relacionamento se constitui numa perpétua angústia. Você conhece isso tudo, não preciso explicar. Mas é isso que denominamos amor. E para fugir dessa terrível corrente que denominamos amor, buscamos todo tipo de entretenimento – da televisão à religião. Brigamos e corremos para a igreja, para o templo, depois voltamos e começamos de novo. Isso acontece o tempo todo.

Será que um homem e uma mulher podem libertar-se dessa sina, ou isso é impossível? Se não é possível, então nossa vida está fadada a um eterno estado de angústia, de onde se originam todos os tipos de atitudes neuróticas e crenças. É possível libertar-se do apego? Esta questão possui diversas implicações. É possível um ser humano libertar-se do apego e ainda assim ser responsável?

Agora, libertar-se do apego não significa necessariamente pender para seu oposto, o desapego. É muito importante compreender bem isso. Quando estamos apegados, conhecemos o sofrimento, a angústia que ele carrega, e pensamos: "Por Deus, preciso desapegar-me dessa depressão". Então, a batalha do desapego tem início, é o conflito. Se você estiver atento à palavra e ao fato – a palavra *apego* e a liberdade da palavra, que é o sentimento –, então pode observar o sentimento sem qualquer julgamento. Então verá que a partir dessa observação global se manifesta um movimento bem diferente, que não é apego nem desapego. Está praticando enquanto conversamos, ou apenas ouvindo uma porção de palavras? Você está profundamente apegado a uma casa, a uma crença, a um preconceito, a uma conclusão, a uma pessoa, a um ideal. O apego traz segurança, o que é uma ilusão, não é mesmo? É uma ilusão apegar-se a alguma coisa, porque esta coisa pode deixar de existir. Logo, você está apegado a uma imagem que construiu. Será que consegue libertar-se do apego e, contudo, manter a responsabilidade que não significa um dever?

Então, o que é o amor quando não há apego? Se você está apegado a uma nacionalidade, estará glorificando o isolamento da nacionalidade, que é uma forma de glorificar o agrupamento tribal. O que isso pode trazer? A separatividade, certo? Estou fortemente apegado à minha nacionalidade como hindu, e você como alemão, francês, italiano, inglês – estamos separados –, e aí surgem as guerras e toda a complexidade que se segue. Quando não temos apegos, o que acontece? Será o amor?

Portanto, o apego separa. Estou apegado à minha crença, e você à sua, logo, há uma separação. Veja as conseqüências, as implicações que isso acarreta. Onde há apego há separação e, portanto, conflitos. Onde houver conflito não há possibilidade de haver amor. Como seria o relacionamento entre duas pessoas que não estão apegadas a nada, e quais as conseqüências dessa relação? Este é o começo – estou usando a palavra *começo*, não passe por cima dela – da compaixão? Quando não houver nacionalidade nem apego a qualquer tipo de crença, a qualquer conclusão ou ideal, o homem será um ser humano livre e seu relacionamento com o próximo vai se basear na liberdade, no amor e na compaixão.

Tudo isso faz parte da atenção. Agora, tente analisar, conforme indicamos, o que é o apego e quais as implicações que ele envolve, ou você consegue observá-lo instantaneamente como um todo e *depois* analisar? Não o contrário. Estamos habituados à análise, faz parte da nossa educação, e despendemos um bom tempo nisso. Nossa proposta é totalmente diversa: observar, enxergar o todo e depois analisar. Assim fica mais fácil. Se você tentar chegar à totalidade, por meio da análise, pode enganar-se, o que em geral acontece. Porém, observar o todo de alguma coisa, o que significa não ter nenhum direcionamento, depois analisar, pode ser ou não importante, e podemos analisar ou não analisar.

Gostaria de tocar num outro ponto. Existe algo sagrado na vida, que é parte de tudo isso? Há algo sagrado, santificado em sua vida? Retire a palavra, separe a palavra, a imagem, o símbolo – que é muito perigoso –, e quando fizer isto, pergunte a si mesmo: Haverá algo realmente sagrado em minha vida, ou tudo é superficial, produto de uma associação de pensamentos? O pensamento não é sagrado, é? Você acredita que o pensamento e as coisas que ele agrupou são sagradas? Fomos condicionados a crer nisso; como hindus, budistas, cristãos fomos condicionados a venerar, rezar para coisas que o pensamento associou. E isto denominamos de sagrado.

Precisamos descobrir, porque se não descobrimos se existe de fato algo sagrado que não é produto do pensamento, a vida vai se tornando cada vez mais superficial, mais mecânica, e o fim de nossa existência será profundamente isento de significado. Estamos muito apegados ao ato de pensar e a todo o processo de pensamento, e veneramos as coisas que o pensamento agrupou. Uma imagem, um símbolo, uma estátua, quer tenham sido feitas com as mãos, quer com a mente, são sempre um processo do pensamento. O pensamento é lembrança, sensação, conhecimento, que estão ligados ao passado. O passado transforma-se em tradição, e a tradição converte-se no que há de mais sagrado. Então é a tradição que estamos venerando? Será que existe algo que não tenha nada a ver com pensamentos, tradição, rituais, com toda essa desordem que vem se estabelecendo? Precisamos descobrir.

Como descobrir? Não por meio de um método; quando utilizo a palavra *como*, não me refiro a um método. Existe algo sagrado na vida? Grande número de pessoas diz: "Não há absolutamente nada. Somos o produto do meio, e o meio pode ser mudado, portanto, nunca mencione coisas sagradas. Você será um indivíduo mecanizado e feliz". Entretanto, se levarmos este assunto muito, mas muito a sério – e para isso é preciso ser profundamente sério –, não temos de pertencer a um bloco materialista ou religioso, que também é fruto do pensamento. Portanto, é preciso descobrir. Não afirmamos nada. Você tem de começar a questionar.

O que significa nos questionarmos para descobrir se existe algo profundamente sagrado e santificado em nossa vida – na vida em geral, não apenas na nossa? Será que existe alguma coisa maravilhosa, suprema, sagrada? Ou não existe nada?

É necessário que a mente se encontre na mais plena quietude, porque só possuindo essa liberdade podemos descobrir. É necessário termos a liberdade de olhar, mas se você diz: "Bem, eu gosto da minha crença e não quero abrir mão dela", você não é livre. Ou se pensar: "Tudo é materialismo", que é um movimento do pensamento, também não será livre. Portanto, para observar, é preciso libertar-se da imposição das civilizações, dos desejos pessoais, das esperanças pessoais, dos preconceitos, das saudades, dos medos. Você só poderá observar quando sua mente estiver em silêncio. Será que a mente consegue não se mexer? Sempre que houver um movimento, haverá distorções. Achamos extremamente difícil, porque os pensamentos chegam com muita rapidez, e então dizemos: "Tenho que controlar meus pensamentos". Só que o controlador é o controlado. Quando você percebe que o pensador é o pensamento, o controlador, o controlado, o observador, o observado, então o movimento cessa. Percebemos que a raiva é a parte do observador que diz: "Eu estou com raiva"; logo, a raiva e o observador são a mesma coisa. Isto é claro, é simples. Da mesma maneira, o pensador que quer controlar o pensamento é o próprio pensamento. Quando você percebe isto, a ação do pensamento cessa.

Quando não houver nenhuma manifestação de movimento na mente, ela se aquietará com naturalidade, sem nenhum esforço, sem nenhuma coação, sem a interferência da vontade. Fica naturalmente quieta; a quietude não é cultivada, porque aí se tornaria mecânica, deixando de ser o que é para ser apenas sua ilusão. Então, teremos liberdade. A liberdade envolve tudo aquilo que mencionamos, e nessa liberdade existe o silêncio, que significa o não-movimento. Então você consegue observar – *existe* a observação, e unicamente a observação, não o observador observando. Do silêncio absoluto surge a observação, a tranqüilidade total da mente. E o que acontece depois?

68

Se você chegou a esse ponto – que significa a liberdade dos nossos condicionamentos e, portanto, nenhum movimento, o silêncio completo, a quietude –, então entra em cena a função da inteligência, não é mesmo? Para notarmos a natureza do apego e todas as suas implicações, ter um *insight* sobre ele é inteligência. Só quando se chega a esse ponto, quando estamos livres, juntamente com a função da inteligência, podemos ter uma mente serena, saudável e forte. E é nessa quietude que vamos descobrir se existe na verdade algo realmente sagrado, ou se não existe nada.

A iluminação não é um lugar fixo

DEVEMOS REFLETIR sobre a relação da religião em nosso cotidiano, se existe ou não alguma coisa inominável, um estado de espírito infinito. Podemos chamar de iluminismo a consciência da verdade absoluta. Será que a mente humana pode atingir algo incorruptível, que não tenha sido tocado por ela pelo pensamento, algo que deve existir e que pode exalar perfume, proporcionando beleza e encanto à nossa existência?

O homem, se observarmos através da história, tem buscado alguma coisa que esteja além de sua vida comum, além do mundo que conhece, de dezenas de formas diferentes. Fez tudo o que foi possível – jejuando, flagelando-se, manifestando comportamentos neuróticos, adorando lendas e heróis, aceitando a autoridade de terceiros que diziam: "Conheço o caminho, sigam-me". Os povos, orientais ou ocidentais, estão sempre investigando essa questão. Intelectuais, filósofos, psicólogos e analistas consideram-na uma busca neurótica, sem nenhum fundamento. Para eles, tudo isso não passa de uma forma de histeria, uma ilusão que precisa ser evitada a qualquer custo. Como vêem os absurdos que são perpetrados em nome da religião, atitudes inacreditáveis sem sentido e sem conteúdo, preferem lidar com seres humanos que aceitam os padrões estabelecidos, aqueles que consideram corretos. Você já deve ter observado isso de diferentes maneiras.

Porém o intelecto é apenas parte da vida. Tem seu lugar reservado, mas o homem, em todos os lugares do mundo, deu ao intelecto uma importância extraordinária, com sua capacidade de raciocinar, de perseguir uma idéia com lógica, de estabelecer uma atividade baseada na razão e na lógica. O homem não é meramente uma entidade intelectual, é um ser extremamente complexo.

O homem, como você já deve ter observado, deseja encontrar algo que seja ao mesmo tempo racional e profundo, pleno de significado, não apenas inventado pelo intelecto; e é isso que ele vem procurando desde os tempos mais remotos. A religião organizada é um tipo de negócio, uma enorme máquina que condiciona a mente humana de acordo com suas crenças, dogmas, rituais e superstições. É um negócio bastante rendoso, mas nós o aceitamos porque nossa vida é vazia. A vida carece de beleza, então a preenchemos com lendas românticas e místicas. E nós idolatramos as lendas, os mitos, mas tudo o que o homem constrói física ou psicologicamente, nada tem a ver com a realidade.

O que é uma mente livre de todos os esforços, que realmente abdicou de tudo aquilo que o homem criou em sua busca por algo chamado realidade? Isto é muito difícil de explicar. As palavras são necessárias, mas a comunicação não é apenas verbal, é não-verbal também. Ou seja, tanto você como seu interlocutor precisam investigar ao mesmo tempo, no mesmo nível e com a mesma intensidade. Só assim a comunicação será possível. Estou tentando conversar verbal e não-verbalmente sobre esse assunto bastante complexo que requer clareza e objetividade de raciocínio, e ainda ir além de todo e qualquer pensamento.

A meditação não é indicada aos imaturos. Estes podem brincar com ela como fazem hoje, com as pernas cruzadas, a respiração controlada, de ponta-cabeça, tomando drogas, com o propósito de experimentar algo original. Por meio das drogas, do jejum, ou de qualquer outro sistema jamais entraremos em contato com aquilo que é eterno e infinito. Não existem atalhos. Temos de trabalhar com afinco; precisamos estar muito conscientes do que estamos fazendo e pensando, sem nenhum desvio. Tudo isso requer grande maturidade, não de idade, mas da mente, que é capaz de observar, enxergando o falso como falso, a verdade no falso e a verdade como verdade. Isso é maturidade, tanto no plano político, no mundo dos negócios e nos nossos relacionamentos.

É provável que você já tenha ouvido falar na palavra *meditação*, já tenha lido a respeito, ou tenha seguido os passos de algum guru, que lhe mostrou o que você deveria fazer. Gostaria que você jamais tivesse ouvido essa palavra, porque assim sua mente estaria fresca para indagar. Algumas pessoas vão à Índia, mas não sei por que fazem isso: a verdade não está lá; o que está lá é fantasia, e a verdade não é uma fantasia. *A verdade está onde você está.* Não em algum país estrangeiro, mas onde você está. A verdade é o que você está fazendo, como está se comportando. Está aí, não nas cabeças raspadas e naquelas bobagens que os homens têm feito. Para que meditar? O significado da palavra é ponderar, refletir, olhar, perceber, ver com clareza. Para ver com clareza, observar sem distorções, é preciso estar consciente do seu passado, do seu condicionamento. Só estar consciente, sem mudá-lo, sem alterá-lo, sem transformá-lo ou tentar livrar-se dele, mas apenas observá-lo. Nessa observação, procurar ver com clareza, sem distorções, que todo o conteúdo da consciência é o começo e o fim da meditação. Seu primeiro e último passo. Para que meditar? E o que é meditação? Se olhar pela janela de manhã e vir a extraordinária beleza do romper da aurora, as montanhas distantes, a transparência da água, e apenas observar, sem usar a palavra, sem pensar "que maravilha é isso tudo", ficando completamente absorto, sua mente permanecerá em total silêncio. De outra maneira, você não pode observar, não pode ouvir. Portanto, a meditação é uma característica da mente que está em total imobilidade, silenciosa. Só então você poderá contemplar uma flor, sua beleza, seu colorido, sua forma e, assim, termina o afastamento entre você e ela. Não significa que você se identifique com a flor, mas o elemento tempo que existe entre vocês, o afastamento, desaparece. E apenas podemos observar nitidamente quando a observação for não-verbal, impessoal, e não houver nenhum centro como o "eu". Isto é meditação.

Porém, assegurar-se de que você pode observar não-verbalmente, sem distorções, sem o "eu" como interferência da memória, requer grande número de investigações. Subentende-se que o pensamento não deve interferir na observação. É preciso observar sem que uma imagem se relacione com outra. Observar uma imagem sem aquelas que você construiu anteriormente. Não sei se você já tentou fazer isso. A imagem é "você", o "você" que acumulou diversas impressões e reações sobre o outro. Essa separação provoca conflitos. Quando não houver imagens, poderemos observar o outro com uma sensação de profunda atenção, na qual existe amor, compaixão e nenhum conflito. Isto constitui a observação sem o observador. Da mesma maneira para observar uma flor e tudo que a compõe, sem separações, já que

72

a separação implica conflito, e essa separação subsiste enquanto o pensamento ocupar um lugar de destaque. E para a maioria de nós o pensamento e o movimento do pensamento e sua atividade são importantes. Então surge a questão: Será que o pensamento pode ser controlado? Devemos controlar o pensamento para que ele não interfira, ou permitir que ele funcione em seu devido lugar? Controle supõe opressão, direção, seguir um padrão, imitação, conformismo. Desde a infância fomos ensinados a nos controlar e, como reação a esse controle, o mundo moderno diz: "Não quero controlar nada, vou fazer só o que eu quiser". Não estou dizendo que devemos fazer só o que queremos, isto seria um absurdo. Mas todo o método de controle também o é. O controle só é necessário quando não há compreensão. Quando enxergamos algo com muita clareza, não precisamos de controle. Se minha mente vê com nitidez como o pensamento interfere, como o pensamento sempre separa, percebe que a função do pensamento encontra-se sempre no campo do conhecido, logo, a própria observação impede qualquer controle por parte do pensamento.

A palavra *disciplina* significa aprender, mas não com a idéia de conformidade mecânica, como é vista hoje. Referimo-nos a uma mente que, embora isenta de controle, é capaz de aprender. Quando há aprendizado, nenhuma forma de controle é necessária. Isto é, à medida que você vai aprendendo, vai atuando. A mente que investiga a natureza da meditação deve estar sempre aprendendo, e o aprendizado conduz à sua própria ordem. A ordem é necessária à vida. Ordem é virtude. Ordem no comportamento é retidão. A ordem não é aquela imposta pela sociedade, pela cultura, pelo meio, pela obrigação ou obediência. A ordem não é um projeto; ela penetra o ser quando se entende o que é a desordem, não apenas a desordem exterior, mas também a interior. Com a negação da desordem surge a ordem. Portanto, temos de olhar a falta de ordem que reina em nossa vida, nossas contradições, desejos ambivalentes, dizer uma coisa, fazer outra, pensar outra. Ao compreender, ao encarar a desordem com atenção e consciência absoluta, a ordem aparece naturalmente, com facilidade, sem nenhum esforço. E ela é necessária.

A meditação é um sistema em nossa vida no qual nossos relacionamentos são claros e sem conflitos. Meditar é compreender o medo e o prazer. É aquilo que denominamos amor, liberdade da morte, liberdade de permanecer completamente só. É uma das maiores coisas da vida, pois se não conseguirmos ficar sozinhos interior e psicologicamente, não poderemos ser livres. Solidão não significa isolamento nem afastamento do mundo. A solidão nos penetra quando negamos verdadeiramente – não de forma verbal, mas de verdade em nossa vida – tudo aquilo que o homem reuniu com seu medo e prazer, em sua busca por algo que se situa além da rotina diária de sua vida. Se você conseguiu chegar a esse ponto, então verá que só a mente desprovida de ilusões, que não aderiu a ninguém e, portanto, está livre de qualquer sensação de autoridade, pode abrir a porta. Apenas uma mente assim pode ver se existe ou não uma virtude infinita.

É importante compreender a idéia de tempo, não do tempo cronológico, que é simples e perceptível, mas do psicológico, o tempo do amanhã – "Serei alguma coisa", ou "conseguirei, realizarei". Será que a idéia perfeita do progresso, do transcorrer do agora até o depois é uma invenção do pensamento? Obviamente, houve progresso entre o carro de boi e o avião a jato, mas terá havido um progresso psicológico equivalente do "eu" tornando-se melhor, mais nobre, mais sábio? Poderá o "eu", que representa o passado, que acumulou tanta coisa – ofensas, elogios, dor, conhecimento, sofrimento –, evoluir para uma condição melhor? Para nos desenvolvermos daqui para melhor, é preciso tempo. Para nos tornarmos algo, é preciso tempo. *Porém, existe esse fato de nos tornarmos algo?* Será que *nos tornaremos* melhores – no sentido de um eu melhor, mais nobre e com menos conflitos? É esse "eu" a entidade que separa o "mim" do "não-mim", o "nós" e o "eles", o "eu" como americano, ou hindu ou russo etc. Será que o "eu" poderá algum dia tornar-se melhor? Ou ele terá que deixar de existir completamente e jamais pensar em termos de ser melhor ou de tornar-se alguma coisa mais? Quando admitimos o mais e o melhor estamos negando o bom.

A meditação é a absoluta negação do "eu", de tal modo que a mente nunca estará em conflito. A mente que não está em conflito não revela um estado de paz, que é apenas o intervalo entre dois conflitos; ela está *totalmente* isenta de conflitos. E isto é parte da meditação.

Quando você chega a compreender o tempo psicológico, então a mente criou espaço. Você reparou que temos pouco espaço, tanto

74

física como interiormente? Morando nas grandes cidades, em cubículos, nos tornamos mais violentos, porque temos necessidade de espaço físico. Você notou que temos pouco espaço em nosso interior, psicologicamente? Nossa mente está abarrotada de imaginações, com tudo o que aprendemos, com as várias formas de condicionamento, influências, propagandas. Estamos repletos de todas as coisas que o homem pensou, criou, de nossos próprios desejos, buscas, ambições, medos etc., e que nos roubam espaço. A meditação, se você se dedicar a ela profundamente, é a negação de tudo isso, de modo que, no estado de atenção, cria-se um vasto espaço, sem limites. É quando a mente silencia.

Você deve ter aprendido com os outros que, para meditar, precisa de um método, precisa exercitar-se para que sua mente fique quieta e você chegue ao estado de silêncio e atinja a iluminação. Isto é *chamado* meditação. Porém esse tipo de meditação é uma grande tolice, porque o ato de praticar revela uma entidade que pratica e que vai se tornando cada vez mais mecânica, portanto, limitada, insensível e enfadonha. Então, para que exercitar? Por que permitir que alguém se interponha entre você e sua investigação? Por que um padre, um guru ou um livro devem intrometer-se entre você e aquilo que você procura? É medo? Você precisa de alguém que o encoraje? Precisa apoiar-se em alguém quando se sente inseguro? E quando estiver inseguro e apoiar-se em alguém que lhe traga segurança, precisa ter a certeza de que a pessoa que escolheu não é também insegura? Assim, a pessoa em quem se apoiar vai garantir que é muito confiável. Ela lhe diz: "Eu conheço, eu cheguei lá, estou no caminho certo, siga-me". Tome cuidado com aquele que diz eu conheço.

A iluminação não é um lugar fixo. Não existe lugar fixo. *Tudo o que precisamos é compreender o caos, a desordem em que vivemos.* Ao compreendermos isso, a ordem se estabelece naturalmente e, com ela, vem a clareza e a certeza. E essa certeza não é uma invenção do pensamento. É a inteligência. E quando você absorver tudo isso, quando a mente conseguir enxergar com clareza, a porta se abrirá. O que acontecerá depois é indescritível. Não pode ser dito, e se alguém descrever é porque nunca viu. Não pode ser posto em palavras, pois a palavra não é a coisa, a descrição não é o descrito. O que podemos fazer é prestar atenção aos nossos relacionamentos, para enxergar que essa atenção não é possível se houver imagens, para compreender toda a natureza do prazer e do medo, perceber que o prazer não é amor, nem o desejo é amor. Temos de descobrir tudo sozinhos; ninguém pode nos dizer. Todas as religiões pregam que não devemos matar. Para você, são apenas palavras, mas se encarar este fato com seriedade, terá de descobrir o que de fato significam. Talvez o que tenha sido dito no passado seja verdadeiro, mas a verdade não é sua. Você precisa descobrir, aprender o que quer dizer não matar. Então, essa será a sua verdade, e será uma verdade viva. Da mesma maneira – não através dos outros nem de técnicas ou métodos criados por terceiros, nem a obediência a um guru, professor ou salvador –, você, completamente livre, irá distinguir o falso do verdadeiro e irá descobrir como levar uma existência absolutamente pacífica.

O conjunto de tudo isso é meditação.

O fim da busca

EXISTE ALGO que não tenha sido produzido pelo pensamento? Ou seja, existe algo além do tempo? Estamos habituados à idéia do crescimento físico. Precisamos de tempo para aprender, compreender e, por isso, nos acostumamos com a idéia de mudança no tempo. Existe o tempo físico; o tempo é necessário para cobrir fisicamente a distância entre um ponto e outro. Porém, transferimos esse conceito, essa conclusão, para o campo psicológico: "Não me conheço, por isso preciso de tempo para me conhecer". O tempo psicológico foi criado pelo pensamento. Você realmente precisa de tempo para livrar-se da ganância? Este é apenas um exemplo. Você realmente precisa de vários dias para livrar-se do ciúme, da ansiedade, da ganância, da inveja? Estamos acostumados aos pensamentos que criamos. Quando digo: *"Irei* superar", o "irei" refere-se ao tempo. É nosso hábito, nossa tradição, nosso modo de dizer: *"Irei* superar meu ciúme, minha raiva, minha insatisfação". Então, a mente acostumou-se à idéia do tempo psicológico – amanhã, muitos amanhãs. Agora começamos a discutir essa questão. Achamos que não é necessário. Não precisamos de tempo para nos livrar da ganância. Isto é, se você se libertar do tempo e for ganancioso, não haverá amanhã. Você atua, ataca e faz alguma coisa imediatamente. O pensamento inventou o tempo psicológico como desculpa para evitar, protelar e tolerar aquilo que ele já tem. O pensamento criou o tempo psicológico baseado na preguiça.

Você consegue libertar-se psicologicamente da idéia do amanhã? Por favor, experimente, olhe para isso. Pegue, digamos, sua angústia, ou qualquer coisa, sua tolerância sexual. Se achar que por meio de alguma atividade sensorial você vai tentar alcançar o que deseja, essa tentativa de alcançar é o movimento do tempo. Você consegue ver a clareza desse raciocínio, e que a própria percepção desse fato já é a resposta? Está experimentando enquanto conversamos? Ou, para você, não passa de uma idéia?

Quando a mente questiona o tempo e descobre que o conceito de que o amanhã, como um meio de acabar com ele, psicologicamente, é ilusório, então surgem só uma percepção e uma ação sem intervalo de tempo. Quando vemos os perigos do patriotismo – guerras, por exemplo –, a própria percepção é a ação do término do sentimento de estar apegado a determinado grupo. Compreende? Todas as noites, a televisão britânica declara: "Inglaterra, Inglaterra, Inglaterra" ou, na França, "França, França, França". Observe como essa divisão provoca as tragédias, e quando você nota o erro de pedir tempo para livrar-se do condicionamento de ser inglês, que adquiriu desde a infância, essa atitude gera conflitos. A consciência disso exige uma mente muito séria, que diz: "Quero descobrir o que existe".

A meditação é o término do tempo. Foi o que acabamos de fazer; meditamos. Meditamos para refletir sobre a natureza do tempo. Isto é real e necessário para irmos daqui para lá, mas psicologicamente o tempo não existe. Chegar a essa conclusão é uma verdade fantástica, um fato excepcional, porque rompemos com todas as tradições. A tradição nos pede para ir devagar, esperar, porque fazendo isto ou aquilo você alcança Deus. É também o fim de qualquer esperança, porque a esperança implica futuro. A esperança é o tempo. Quando alguém está deprimido, angustiado, insatisfeito, anseia por avançar, aprender a ser livre. Quando observamos que, psicologicamente, o futuro não existe, então estamos lidando com fatos, não com esperanças.

O que estamos fazendo para investigar o tempo é o começo da meditação. É parte da meditação.

Para descobrir se existe algo além do tempo, não podemos carregar nenhum problema. Estamos impregnados de problemas: particulares, coletivos, internacionais. Por que temos problemas? Pergunte a si mesmo por que temos problemas: sexuais, imaginários, de desemprego, de insatisfação, de pensar: "Quero alcançar o céu e não consigo". Poderíamos viver sem um único problema? Quer dizer, à medida que a questão surgisse, você a eliminaria imediatamente, em vez de carregá-la consigo. O ato de carregar é o movimento do tempo; isso acarreta o problema. O que é um problema? É algo que não compreendemos, não resolvemos nem liquidamos; é algo que nos preocupa, que não entendemos e contra o qual lutamos dia após dia. A mente é atropelada por esse processo. Porém, quando não existe tempo, não existe problema. Você consegue de fato perceber isso com seu coração – não com a mente, mas com o coração? Você nota que tanto o homem quanto a mulher que têm problemas são escravos do tempo e, assim, quando a questão surge, se a mente livrou-se do tempo, pode lidar com ela imediatamente? No momento em que você adquire a noção do tempo e diz: "Vou demorar a resolver essa questão", você se afasta do fato; *este é o problema*. Se decidirmos investigar, não deverá haver qualquer tipo de problema. A mente deve estar livre para olhar.

Ao pesquisarmos alguma coisa que se situa além do tempo, deve haver uma completa sensação de relacionamento que só pode emergir quando existe amor. Amor não é prazer. Obviamente. Amor não é desejo. Amor não é satisfazer nossas exigências sensoriais. Sem essa qualidade de amor – faça o que tiver vontade: fique de ponta-cabeça, vista roupas esquisitas e sente-se com as pernas cruzadas em atitude de meditação o resto de sua vida –, nada vai acontecer.

Na meditação, que significa obrigar a mente a aquietar-se, qualquer tipo de esforço é inútil. Esforçar-se para meditar implica tempo, luta, tentativa por alcançar algo que projetamos. Então, poderá haver uma observação sem esforço e sem controle? Estou usando a palavra *controle* com muita hesitação, já que vivemos numa sociedade permissiva – onde cada um faz o que quer e, quanto pior, melhor: drogas, sexo, uso de roupas ridículas. Estou usando a palavra *controle* no sentido de que quando a observação é pura, não há necessidade de controle. Não se iluda dizendo: "Estou observando com pureza, portanto, não tenho necessidade de controle" e, com isso, tornando-se tolerante consigo mesmo. Não faz o menor sentido. Quando a mente está "sob controle", esse controle foi criado pelo pensamento. O pensamento é limitado e, além dessa limitação, ele deseja alguma coisa; logo, diz: "Devo controlar". Essa mente tornou-se escrava de uma idéia, de um conceito e de uma conclusão, não de um fato, como a pessoa que crê fortemente numa religião e é incapaz de pensar livremente.

A mente que está em conflito, que tem problemas, que não resolveu seus relacionamentos e, além de tudo, não tem amor, é incapaz de ir adiante. Só pode ir aonde ela *pensa* que está indo além, mas dentro de seu próprio círculo. Pode imaginar que está indo além, mas não está. Se chegarmos a esse ponto com seriedade, onde tudo o que o homem criou foi posto de lado, então, dentro da mente todos os sentidos e o cérebro formam uma extraordinária sensação de amor com sua inteligência. Agora, sim, podemos proceder nossa busca.

A mente silenciosa não se aquietou apenas no plano físico. Quietude não significa necessariamente sentar-se em determinada posição. Você pode deitar-se como quiser, mas o corpo deve permanecer absolutamente imóvel. Tudo deve ser feito com naturalidade, porque qualquer coisa que for imposta provocará conflitos. Estando com a mente livre e, ao mesmo tempo, quieta, ela pode observar. Não é: "Eu estou observando"; só há a observação, sem "eu". Se houver um "eu" que observa, haverá a dualidade, a separação. O "eu" é o "mim" – ou seja, "você" –, que é composto de muitas coisas: recordações, experiências, problemas passados e presentes, ansiedades. Se chegamos a este ponto, o "eu" agora encontra-se ausente. Não há um "eu" que observa. Só existe a observação.

O que acontece depois? O que acabamos de fazer é pura meditação: a busca de si mesmo, a autoconsciência, conhecedora de todos os problemas, de todos os desejos, pressões, conflitos, sofrimentos. Essa consciência só pode existir quando observamos nossas reações diante dos relacionamentos. Você não pode observar-se a si próprio apenas se afastando e sentando-se embaixo de uma árvore; de certa forma, até poderia, mas todas as suas reações só aparecem em contato com os relacionamentos. A mente encontra-se agora num estado isento de problemas, esforços, controle e, principalmente, isenta de vontade, pois a vontade é a essência do desejo. "Eu farei", "eu quero", "eu devo" englobam todos os desejos que exigem coisas relacionadas com o tempo. Para conseguir algo, preciso exercitar a vontade para ganhá-lo. Logo, a mente está livre de tudo isso.

Se você chegou a este ponto, o que vem depois? O homem pensou em alguma coisa sagrada, imorredoura, incorruptível, infinita. Ele diz: "Já compreendi minha vida completamente. E agora, o que mais existe? O que se encontra além do que conheço?". Toda a busca deve terminar também, porque se você espera encontrar Deus, ou a verdade, ou seja lá o que for, talvez sejam seus prazeres, seus desejos sexuais e o próprio fim de certos problemas. Buscar significa que quando você encontra aquilo que procura precisa saber reconhecê-lo;

80

e deve ficar satisfeito, do contrário, é melhor descartar-se do que encontrou. Deve ser a resposta para todos os seus problemas – mas isso não acontece, porque os problemas são criados por você mesmo. Então, a pessoa que diz: "Estou procurando", na realidade está desajustada e enganando-se a si própria. Depois, quando tudo isso acaba, a mente fica completamente em silêncio e torna-se pura observação. Tudo o que estiver fora disso é apenas uma descrição, apenas uma reunião de palavras para comunicar algo que é incomunicável.

Não adianta tentarmos descrever, só nos cabe encontrar alguém que possua a mesma capacidade e o mesmo nível de intensidade. Mas, então, o que é o amor? É encontrar alguém com o mesmo nível de intensidade que nós, não é? Sim, isso é o amor. Não me refiro ao amor físico, mas ao amor que não é desejo nem prazer. Encontrar alguém com a mesma intensidade, o mesmo sentido de tempo e com a mesma paixão – isso é amor.

Se existir esse amor e se você tiver essa qualidade de mente silenciosa, a comunicação pode ser feita sem palavras. Esta comunicação é a verdadeira comunhão, o compartilhamento total de algo que não pode ser descrito em palavras. No momento em que empregamos a palavra, esse algo desaparece, pois a palavra não é a coisa.

Afinal, onde estamos? Onde está você, a respeito de tudo que ouviu, que aprendeu, que observou por si mesmo? Tudo se resumiu em meras palavras? Ou aconteceu uma mudança fundamental profunda, que o tornou livre dos problemas e do medo, e deixou no ar aquele perfume que jamais morre e que é o amor?

A partir daí, vem a inteligência e a ação.

A observação pura

VOCÊ OUVE o que falamos uns aos outros? A maior parte do tempo falamos com nós mesmos, e quando alguém vem nos dizer alguma coisa, não temos tempo, vontade ou intenção de escutar. Há uma constante surdez, nenhuma sensação de espaço, somente surdez, por isso nunca ouvimos uns aos outros. Ouvir não se faz apenas com os ouvidos, mas atinando para o sentido, para o significado e para o som das palavras. O *som* é muito importante. Quando há som há espaço; sem espaço não há som. O som somente se reproduz no espaço. Portanto, a arte de ouvir não se restringe a ouvir com os ouvidos, mas também ouvir o som da palavra. A palavra emite um som, e para podermos ouvi-lo é preciso que haja espaço. Porém, se à medida que ouvimos passamos a interpretar o que está sendo dito, segundo nossos próprios julgamentos e a sucessão de estados agradáveis e desagradáveis, não estamos ouvindo coisa alguma.

Você consegue ouvir não só o que o outro está dizendo, mas também sua própria reação ao que está sendo dito, sem modificar essa reação para adaptar-se ao que está ouvindo? Então começa a ocorrer outro processo: aquele que fala está dizendo algo que você está ouvindo, enquanto você ouve também suas próprias reações àquilo que está sendo dito, e você cria um espaço tanto para o som de suas reações como para o que está sendo dito. Isto requer enorme atenção, não só porque entramos e saímos de uma espécie de transe. Quando você *ouve*, neste ato de ouvir operou-se um milagre. O milagre é que você está inteiramente atento ao que está sendo dito, ouvindo de fato, e ouvindo também suas próprias respostas. É um processo simultâneo. Você ouve o que está sendo dito, sua resposta ao que ouviu e todo o som produzido, significando que há espaço. Portanto, está dedicando toda sua atenção ao ato de ouvir. Esta é uma arte que não se aprende na escola, passando de um ano ao outro, mas ouvindo tudo – desde o som de um riacho correndo, até o canto dos pássaros, o ruído de um avião, a voz de sua mulher ou de seu marido – o que é muito mais difícil porque já estão acostumados um com o outro. Você quase já sabe o que ela vai dizer, e ela sabe muito bem o que você vai dizer, depois de dez dias ou dez anos; então, nossos ouvidos se fecharam completamente.

Você pode aprender – não amanhã, mas agora, enquanto está aí sentado – a arte de ouvir? Ou seja, a arte de estar atento às suas próprias respostas, abrindo espaço para o som do seu próprio ritmo, ao mesmo tempo que ouve os sons exteriores. É um processo global, um movimento único de escutar. Esta é uma arte que requer sua atenção absoluta; nesse estado, não há nenhum ouvinte, apenas a visão do fato, sua realidade ou sua ilusão. Se quiser investigar com afinco a natureza de uma mente religiosa e meditativa, você tem de ouvir tudo com muita, muita atenção. É como o movimento intenso de um rio.

A religião situa-se dentro da estrutura do pensamento ou fora dele? O pensamento, que está sempre baseado na experiência, no conhecimento e na memória, é muito limitado. A grande dificuldade é verificar o que existe além do pensamento, mas sem a interferência dele. Creio que a atividade do pensamento seja totalmente limitada em qualquer direção, quer na área tecnológica quer na psicológica. Apesar de toda a sua atividade, os conflitos surgem em virtude da sua limitação. Isto dá para entender. Agora, qual o mecanismo que pode investigar alguma coisa que não esteja ligada ao pensamento? Será que isso é possível? O pensamento pode investigar sua própria atividade, sua própria limitação, seus próprios sistemas de reunir idéias, pode destruir alguma coisa e construir outras. O pensamento, em sua própria confusão, pode criar uma certa ordem, mas esta ordem também é limitada. Portanto, não é a suprema ordem. Ordem significa o conceito de toda a existência.

Talvez "pesquisar" não seja correto, assim como "investigar" também não, porque não podemos investigar algo que se encontra além do que se pensa. Para compreendermos se é possível, sem qualquer movimento, observar uma árvore ou ouvir o som de um regato, sem a interferência da palavra, apenas observar sem nenhum movimento de lembranças passadas intervindo, temos que nos distanciar por completo do passado. Você consegue observar sem a palavra, sem as recordações e associações que a palavra contém? Consegue olhar para sua esposa – ou namorada, ou marido – sem valer-se da palavra *esposa*, sem todas as referências que a palavra contém? Repare na importância deste fato: olhar para ela, para ele ou para um rio, como se fosse a primeira vez. Quando você acordar de manhã, olhar pela janela e ver as montanhas, os vales, os campos verdejantes, a visão será deslumbrante se enxergá-la como se ela tivesse acabado de nascer. O que significa olhar sem preconceitos, observar sem julgar, sem idéias preconcebidas. Não podemos fazer isso se não estivermos plenamente despertos. Se entender o que este conceito envolve, você vai conseguir com facilidade. Se olho para minha mulher do ponto de vista de imagens, incidentes, lembranças e mágoas, nunca estarei olhando para *ela*. Eu a estarei vendo sempre por intermédio de imagens, de recordações passadas. Você consegue olhar para sua esposa, namorada ou marido, como se fosse a primeira vez, sem a presença de qualquer imagem ou recordação?

Para observar a natureza de uma mente religiosa, não contaminada pelo pensamento, você precisa estar muito atento. Significa que você deve estar completamente livre – do comprometimento com um guru, com sua igreja, suas idéias e tradições do passado – para observar. Com esse tipo de observação, o que acontece com a própria natureza da mente?

Sempre olhei uma árvore, um rio, o céu, a beleza de uma nuvem, minha mulher, meus filhos, meu marido, minha filha, associados a uma lembrança, a uma imagem. Este é meu condicionamento. Aí vem você me pedindo para olhar sem a palavra, sem minhas antigas referências. Respondo, então, que não posso. Esta é minha reação imediata. *O que quer dizer que, na verdade, não estou ouvindo o que você está dizendo.* A resposta é instantânea, e digo: "Não posso". Agora, preste atenção à frase: "Não posso". É uma maneira de resistir, porque estou tão comprometido com determinado guru ou com alguma crença religiosa, que tenho medo de renunciar a eles. Preciso prestar atenção à minha resposta e também ouvir o que você está dizendo – essa atitude de observar requer liberdade total da palavra, do conteúdo que ela encerra – e ouvir a ambos.

Portanto, conscientize-se desse movimento – resistir e ouvir, querendo escutar e sabendo que não pode, enquanto estiver resistindo – e tente permanecer nesse estado. Não diga: "Preciso compreender". Apenas observe para poder originar a atenção absoluta. A observação pura acontece na ausência do movimento do eu. A palavra é o eu. A palavra, as recordações, as mágoas acumuladas, os medos, as angústias, a dor, a tristeza e tudo o que envolve a atividade da existência é o eu, que é minha consciência. E, no ato de observar, tudo desaparece. Nada disso entra na observação. Não há um "mim" observando. Portanto, nessa observação em nossa vida diária estabelece-se a ordem perfeita. Não existem contradições. Contradição é desordem, e essa mesma contradição com sua desordem possui sua própria ordem peculiar e limitada.

Então perguntamos o que é meditação – não como meditar. Quando se pergunta "como", lá vem alguém nos ensinar o que devemos fazer. Se em lugar de como você perguntar o que é meditação, poderá exercer sua própria capacidade, sua própria experiência, embora limitada; é preciso pensar a respeito. Meditação é ponderar, considerar, preocupar-se, dedicar-se, não *a* algo, mas ter o espírito da dedicação. Espero que você esteja ouvindo para descobrir sozinho, pois *ninguém* pode lhe ensinar o que é meditação, nem mesmo aquele venerável senhor de barbas brancas com trajes característicos. Descubra por si mesmo, atenha-se ao que descobriu e não dependa de ninguém.

Precisamos entender com cuidado o sentido da palavra *meditação*, que basicamente quer dizer "medir". O que este conceito envolve? Desde os antigos gregos até os tempos de hoje, todo o mundo tecnológico tem se baseado em medidas. Não existe a menor condição de construirmos uma ponte ou um edifício de dezenas de andares sem lançarmos mão de medidas. Até interiormente estamos sempre medindo: "Fui, serei"; "Sou isto, fui isso, serei aquilo". O que não são só medidas como comparações. Medir é comparar: você é alto, eu sou baixo; sou claro, você é escuro. Compreenda o sentido das medições e as palavras *melhor* e *mais*, e nunca as use interiormente. Você está tentando agora, enquanto conversamos?

Quando a mente está livre das medições, as próprias células cerebrais antes utilizadas para medir, condicionadas ao ato de medir, subitamente despertam para a certeza de que medir é psicologicamente prejudicial. Portanto, essas mesmas células nervosas sofreram uma mutação. Nosso cérebro acostumou-se a seguir determinada direção, e achamos que só havia um caminho para chegar ao que quer que houvesse no fim desse caminho. O que existe no fim é aquilo que você imaginar, naturalmente. Quando alguém lhe disser que tal direção não o levará a lugar nenhum, você resiste dizendo: "Não, você está errado, todas as tradições, todos os grandes escritores e os grandes santos dizem que estamos errados". Significa que na realidade você não pesquisou, está citando outras pessoas, está resistindo. Então o outro diz: "Não resista, ouça o que estou falando; escute o que está pensando, qual a sua reação e inclusive aquilo que estou dizendo". Então, ouça ambos. E para ouvir ambos é preciso atenção, o que significa espaço.

Veja se você consegue viver – não em momentos de especial meditação, mas diariamente – sem utilizar medidas. Viver sem fazer uso de medições é meditar. Meditar implica compreender profundamente o que significa essa palavra; e a própria ação de compreender e perceber põe fim à medição psicológica. Está tentando?

O que vem depois na meditação? Entendemos a natureza da atenção, a atenção absoluta, e para ouvir é necessário que haja espaço e som no espaço. Queremos saber agora se existe algo sagrado, santificado. Não estamos afirmando que há ou não. Existe alguma coisa que jamais tenha sido tocada pelo pensamento? É bobagem pensar que eu tenha atingido algo que está além do pensamento. Mas será que existe alguma coisa fora do pensamento que não seja material? O pensamento é um processo material, portanto, qualquer coisa que seja criada pelo pensamento é limitada e conseqüentemente incompleta, não representa o todo. Existe alguma coisa que se situa inteiramente fora do mundo do pensamento? Estamos juntos fazendo esta indagação. Não estamos afirmando que existe ou não. Estamos indagando, prestando atenção, ouvindo – o que significa que toda a atividade do pensamento cessou –, exceto no mundo físico, onde tenho que realizar certas coisas. Tenho que me locomover; tenho que escrever uma carta; dirigir um carro; comer; cozinhar; lavar a louça. Nesses casos, sou obrigado a usar o pensamento, não importa quão limitado e rotineiro ele se apresente. Mas, psicologicamente, não pode haver nenhuma outra atividade, a menos que o pensamento não tenha cessado. É óbvio. Para que observemos algo além do pensa-

86

mento, é preciso que este tenha cessado. É criancice, leviandade, perguntar: "Que método devemos adotar para que desapareça o pensamento, a concentração ou o controle?". Quem é o controlador?

Para podermos indagar, termos percepções mais avançadas, observarmos se de fato existe algo além, que não tenha sido criado pelo pensamento, o pensamento tem de desaparecer. A própria vontade de descobrir faz com que o pensamento desapareça. Se eu quiser galgar uma montanha, preciso treinar, esforçar-me dia após dia, subir cada vez mais e mais. Tenho que dedicar toda a minha energia a esse esforço. Logo, a própria necessidade de descobrir se existe algo mais faz com que o pensamento crie uma energia que cessa o pensamento. A própria importância de fazer com que o pensamento cesse, para observarmos o que existe além, produz o seu término. É muito simples, sem complicação. Se quero saber nadar, preciso aprender. A vontade de nadar torna-se maior do que o medo de me afogar.

Isso é importante, pois como o pensamento é limitado, esta limitação ocupa seu próprio espaço e obedece à sua própria ordem. Quando termina a atividade do pensamento limitado, então haverá espaço não apenas no cérebro, mas o *espaço*. Não o espaço que se criou, mas o espaço ilimitado. O pensamento é limitado, e qualquer coisa que ele criar sempre será limitada, pois ele está condicionado à sua própria natureza. Quando o pensamento consegue descobrir sozinho sua própria limitação e percebe que essa limitação é responsável pelas destruições que ocorrem no mundo, então, só o fato de observar tudo isso faz com que o pensamento cesse e passe a descortinar algo novo. É quando surge o espaço e o silêncio.

Portanto, meditação é a compreensão e o fim da medição em termos psicológicos. É o término do vir a ser e a percepção de que o pensamento é eternamente limitado. Pode pensar no ilimitado, mas, ainda assim, origina-se do limitado. É nesta hora que o pensamento chega ao fim. E a mente limitada, toda confusa, que vinha tagarelando sem parar, subitamente torna-se quieta, sem qualquer compulsão nem disciplina, porque encontra-se do fato, da verdade. Tanto o fato como a verdade estão além do tempo.

O pensamento chega ao fim e, com ele, a sensação de absoluto silêncio mental. Cessaram todos os movimentos do pensamento. Contudo, podem ser postos em atividade, quando o mundo físico precisar deles. Agora tudo está silencioso. E no silêncio existe espaço, um espaço imenso, porque o eu está ausente. O eu ocupa seu próprio espaço limitado, cria seu próprio espaço restrito. Mas quando o eu está ausente, o que significa ausência da atividade do pensamento, cria-se um imenso espaço no cérebro que agora está livre de qualquer condicionamento.

Somente quando houver espaço e silêncio, algo novo poderá aparecer, algo que não tenha sido tocado pelo tempo/pensamento. Isso poderá ser o que existe de mais santificado e de mais sagrado – *poderá* ser. Não podemos nomeá-lo. Talvez por ser inominável. E quando isso surgir, então aparecerá também a inteligência, a compaixão e o amor. A vida, em sua inteireza, não poderá ser fragmentada. É um processo total e unitário, movendo-se e vivendo. A morte é tão importante como a vida. Ambas caminham juntas. Viver significa morrer. O fim de toda a preocupação, sofrimento e angústia é morrer. É como dois rios volumosos correndo lado a lado. Tudo o que falamos desde o começo até agora é parte da meditação. Penetramos na natureza humana, e ninguém pode provocar uma mudança radical a não ser nós mesmos.

A luz não pode ser acesa pelo outro

PARA SERMOS uma luz completa para nós mesmos, precisamos ser livres. *Uma luz para nós mesmos!* Esta luz ninguém poderá nos dar, nem mesmo podemos acender nossa vela na chama de outra vela. Se você tentar acender sua vela na de alguém, ela será apenas uma vela e pode apagar-se. A própria busca para descobrir o que significa ser uma luz para nós mesmos é parte da meditação. Vamos juntos pesquisar esse tema e verificar o quanto é extraordinariamente importante conhecermos essa luz.

Estamos condicionados a nos submeter à autoridade – da Igreja, de um livro, de um guru, de alguém que diz que sabe. Em todos os assuntos espirituais, quando usamos a palavra *espiritual*, sempre está implícita alguma forma de autoridade. Desse modo, nunca estamos livres para buscar, para descobrirmos sozinhos o que significa meditar. Para abordarmos a questão da meditação temos que estar completa e interiormente livres de qualquer autoridade, de qualquer comparação, inclusive e principalmente da autoridade deste autor – ou seja –, minha, porque se seguir o que proponho, está tudo acabado. Você precisa estar ciente da importância da autoridade de um médico ou de um cientista e compreender a total insignificância da autoridade intrinsecamente, quer seja vinda do outro, quer de suas próprias experiências, conclusões e preconceitos. Nossas experiências e nossos conhecimentos também advêm de nossa própria autoridade: "Compreendo, logo, estou certo". Precisamos tomar cuidado com todas essas formas de autoridade, ou nunca seremos nossa própria luz. Quando nos tornamos uma luz para nós mesmos, nos tornamos uma luz para o mundo, pois o mundo é você e você é o mundo.

89

Portanto, ninguém pode guiá-lo, dizer que você está progredindo, nem encorajá-lo. Na meditação, você precisa permanecer absolutamente sozinho. E essa luz que irá iluminá-lo só surgirá quando investigar dentro de si aquilo que realmente é. Isto é o autoconhecimento, saber o que somos. Não segundo a opinião dos psicólogos, de alguns filósofos, nem segundo o que este autor escreve, mas conhecer sua própria natureza, seus próprios pensamentos e sentimentos, para descobrir sua verdadeira estrutura. O autoconhecimento é extremamente importante. Não me refiro à descrição dada por terceiros, mas realmente "aquilo que é", aquilo que você é; também não o que pensa que é, o que acha que deveria ser, mas o que na verdade está acontecendo.

Já tentou? Você sabe como é difícil ter consciência do que está verdadeiramente se passando sob sua pele? O fato é que observamos por meio do conhecimento passado e baseamos nossa investigação no conhecimento adquirido pela nossa experiência ou por meio de terceiros; logo, estaremos nos examinando sob a óptica do nosso passado. Conseqüentemente, não estaremos de fato examinando "aquilo que é". É necessário haver liberdade para observarmos e, nessa observação, toda a estrutura e natureza do ser começa a revelar-se. Poucas pessoas falam sobre isso, pois possuem interesses pessoais, querem formar organizações e grupos que possam desenvolver. Assim, se você não se importa, preste atenção ao que está sendo dito.

Para entendermos a nós mesmos é necessário observação, e essa observação só pode acontecer *agora*. Ela não é o movimento do passado observando o agora. Quando observo o agora, partindo de conclusões passadas, preconceitos, esperanças, medos, torna-se uma observação do presente apoiada no passado. Observar o agora é extremamente importante. O movimento do passado encontrando-se com o presente deve cessar lá; este é o agora. Porém, se permitirmos que ele se prolongue, o agora converte-se em futuro ou em passado e deixa de ser o verdadeiro agora. A observação só pode acontecer no exato momento da ação – quando estamos com raiva ou temos ganância, e podemos examinar com clareza o que está se passando. Apenas observar, sem condenar nem julgar, deixando que o momento se revele e desapareça. Você consegue perceber a beleza desse instante?

Tradicionalmente, temos sido educados a nos reprimir ou a nos movimentar em determinada direção. O que estamos dizendo agora é: observe sua raiva, sua ganância, seus desejos sexuais, ou o que quer que seja, mas sem a interferência do passado; só assim aquela raiva se revela, desaparece e acaba por atrofiar-se. Depois dessa experiência, você jamais sentirá raiva de novo. Já tentou fazer isso? Experimente algum dia e verá. Permita que essa observação se limite a um único foco: apenas observe sua ganância, sua inveja, seu ciúme, ou seja lá o que for, pois no próprio ato de observar tudo isso se revela e sofre uma mudança radical. A própria observação, sem a interferência do passado, provoca uma mudança.

Ter a percepção daquilo que somos, com absoluta certeza, e examinar o que está acontecendo verdadeiramente no agora é permitir que o movimento integral do ser, do "mim", se revele. E surgirá uma transformação radical, se não houver o passado e nenhum observador, que é o próprio passado. Neste caso, obviamente, não há lugar para a autoridade. Não existem também intermediários entre sua observação e a verdade. Ao fazermos isso, nos tornamos uma luz para nós mesmos. E não precisamos perguntar a ninguém, em momento algum, o que fazer. Na própria ação de observar está o ato, e a transformação acontece. Sinta-a!

Ter liberdade para observar e, conseqüentemente, nenhum tipo de autoridade, é essencial.

Logo, a busca pela experiência, que todos nós desejamos, deve chegar ao fim. Vou mostrar-lhe por quê. Todos os dias passamos por diversos tipos de experiências. Recordá-las é mantê-las na memória, e a memória distorce a observação. Se, por exemplo, você é católico, você se condicionou durante dois mil anos a todas as suas ideologias, crenças, dogmas, rituais, ao salvador, e deseja provar aquilo que chama – seja lá o que for. Vai pôr em prática seja lá o que for, porque está condicionado. Na Índia acreditam em diversos deuses, estão condicionados a eles, têm visões desses deuses, e os enxergam conforme seu condicionamento. Quando nos aborrecemos com as experiências físicas, queremos outros tipos de experiências, principalmente a espiritual, para descobrirmos se Deus existe, se podemos vislumbrá-Lo. E, segundo seu passado, terá visões e experiências, porque sua mente foi assim condicionada. Cuidado, veja quais as implicações contidas nas experiências.

O que é necessário numa experiência? A presença do experimentador. O experimentador consiste em tudo aquilo pelo qual ele anseia,

91

tudo que lhe foi dito, enfim, seu condicionamento. Ele quer experimentar algo que chama de Deus, nirvana, ou qualquer outra coisa. Então, ele vai experimentar. Porém a palavra *experimentar* implica reconhecimento, e reconhecimento significa que você já conhece. Portanto, não é algo novo. Quer dizer que a mente que busca uma experiência, na verdade, está vivendo o passado, e não há como compreender alguma coisa nova, original. Então, é necessário livrar-se do desejo de experimentar.

É extremamente árduo vivenciar esse tipo de meditação, porque todos pretendemos ter uma vida fácil, confortável, feliz, isenta de problemas. Quando surge algo difícil, que exige toda nossa atenção e energia, dizemos: "Acho que isto não me serve, vou procurar outro caminho".

Agora, observe seus medos, prazeres, tristezas e toda a complexidade contida nos relacionamentos diários. Observe tudo atentamente. *Observar* significa que não há um observador, portanto, não há por que reprimir, negar, aceitar, mas apenas observar o seu medo. Quando o medo está presente, ele distorce a percepção. Quando estamos em busca do prazer, também. A tristeza traz consigo uma carga pesada. Nesses casos, a mente que está aprendendo a meditar deve abandonar tudo isso e compreender diariamente o que são os relacionamentos. Estes são muito mais árduos, porque nos relacionamos baseados na imagem que criamos uns dos outros. Enquanto houver um criador de imagens, ele impede que nos relacionemos realmente uns com os outros. É muito importante entender este fato para que possamos nos aprofundar na questão da meditação. Não é à toa que pouca gente consegue meditar correta e adequadamente.

Todos os tipos de meditação que são praticados metodicamente, dia após dia, asseguram que o pensamento precisa ser controlado, pois é ele que perturba a quietude da mente. Agora, se olharmos para isso, quem é o controlador? Você vê como é importante controlar seus pensamentos e diz: "Tenho de controlá-los". Então, desencadeia-se uma batalha o tempo todo, uma luta, um conflito. Por isso, temos de perguntar quem é o controlador. Será que o controlador não é também um pensamento? E esse pensamento, que assume as rédeas, diz: "Tenho de controlar o outro pensamento". Um fragmento tentando controlar o outro.

92

O que importa é saber que existe apenas o pensar, sem o pensamento e sem o pensador que controlaria o pensamento. Só existe o pensar. Temos de nos preocupar unicamente com o processo de pensar, e não em controlar o pensamento. Por que este processo deveria parar? Se houver somente o pensar, por que finalizá-lo? Pensar é um movimento, não é? Pensar é um movimento do tempo. Daqui para lá. Será que esse tempo tem fim? Esta é a questão, e não como parar de pensar. Nas meditações, os gurus enfatizam o controle, porém, onde houver controle haverá esforço e, conseqüentemente, conflitos e repressão. Sempre que houver repressão haverá todo tipo de comportamento neurótico.

Podemos viver sem nenhuma espécie de controle? Isso não significa fazer tudo o que queremos, sermos totalmente permissíveis. Mas, no nosso cotidiano, podemos viver psicologicamente sem qualquer tipo de controle? Sim, podemos. É difícil conceber uma vida sem a menor sombra de controle. Só conhecemos controle. Ele existe quando há comparação. Comparo-me a você, quero ser igual a você porque é mais inteligente, mais esperto, mais espiritualizado. Esforço-me para me parecer com você. Quando não há comparações psicológicas, o que acontece? Sou o que sou. Não sei o que sou, mas é assim que sou. Não há nenhum movimento em direção àquilo que penso ser melhor. Quando não há comparações, o que acontece? Julgo-me tolo, porque me comparei a você que é mais inteligente, mais esperto, ou é a própria palavra *tolo* que me torna tolo?

Quando vamos ao museu, comparamos os diversos quadros, julgando uns mais bonitos que outros. Fomos treinados para sermos assim. Na escola, temos de ser melhor que os outros, temos de ser superiores. Todo o movimento de avaliação é comparativo, exige esforço. Queremos mostrar que quando você entender o movimento da medição, e perceber que é psicologicamente irreal, então saberá "o que é". Saberá exatamente "o que é". E somente descobrirá "o que é" se tiver energia. A energia que antes foi despendida na comparação agora pode ser utilizada para observar "o que é" , observar o agora. Portanto, "o que é" vai sofrer uma transformação radical.

O pensamento, então, dividiu-se em controlador e controlado. Entretanto, só existe o ato de pensar. Pensar é o movimento de medição no tempo. Pode esse pensar, natural e facilmente, sem nenhum controle, chegar ao fim? Quando faço um esforço para que ele termine, o pensar ainda está operando. Estou me iludindo ao afirmar que o pensador é diferente do pensamento. Se não houver pensamento, não haverá pensador. Pode esse pensar, que é um movimento no tempo, chegar ao fim? Ou seja, o tempo pode chegar ao fim? O tempo é o passado. Não existe futuro, o futuro nada mais é do que o encontro do passado com o presente, modificando-o e seguindo adiante. O tempo é o movimento que vem do passado, modificado, mas ainda assim movendo-se. Esse movimento, que é todo o movimento do conhecimento, todo o movimento daquilo que aprendemos, precisa acabar. Enquanto não nos livrarmos desse movimento, não poderemos observar o novo. O movimento precisa cessar, mas não podemos cessá-lo por meio da vontade, que é o controle. Não podemos cessá-lo pelo desejo, que é parte da nossa sensação, pensamento e imagem. Então, como cessar esse movimento, natural e simplesmente, de forma satisfatória, sem nosso conhecimento?

Você alguma vez abriu mão de alguma coisa que lhe proporcionava grande prazer – *naquele momento* – e que abandonou instantaneamente? Já experimentou essa sensação? Podemos fazer o mesmo com a dor e a tristeza; não estou me referindo a estas, porque você quer livrar-se delas, esquecê-las. Refiro-me a coisas que lhe proporcionam imenso prazer. Já experimentou alguma vez? Desvencilhar-se imediatamente, sem nenhum esforço. Já tentou? O passado é nossa formação. Vivemos no passado – alguém nos disse algo que nos *magoou* –, toda nossa vida é gasta com o passado. O incidente de hoje é transformado em memória, e a memória converte-se em passado. Logo, vivemos no passado. O movimento ligado ao passado pode acabar?

O passado é o movimento, modificado pelo presente, para o futuro. Este é o movimento do tempo. O passado é um movimento sempre indo para a frente, encontrando o presente e movimentando-se. O agora é o não-movimento, porque não *conhecemos* o que é o agora, só *conhecemos* o movimento. O agora é o que está imóvel, é o passado encontrando o presente e *acabando* aí. Esse é o agora. Então, o movimento do passado encontra o agora, que está imóvel, e pára. Em seguida, o pensamento, que é o movimento do passado, encontra-se inteiramente com o presente e termina aí. Temos de pensar e meditar a respeito disso. Aprofunde-se nessa idéia.

94

A próxima coisa é a mente, que não é apenas matéria, o cérebro, mas também sensação, além de tudo aquilo que o pensamento colocou dentro dela. É a consciência, que é constituída por diversos tipos de exigências inconscientes. Podemos observar a consciência integral como um todo? Não fragmento por fragmento, porque se examinarmos fragmento por fragmento, jamais chegaremos ao fim. Para chegarmos ao fim, ou à possibilidade de verificar algo diferente, é necessário observar a consciência como um todo. Isto quer dizer que a consciência pode ser observada como um todo? Pode, se essa for sua vontade. Quando você procura num mapa um local a que deseja ir, há uma direção. Para observar o mapa inteiro, não há direção. Só isso. Não torne complicado aquilo que é simples. Do mesmo modo, enxergar a consciência como um todo é não ter direção, não ter motivo. Quando puder observar algo em sua totalidade, você mesmo, ou sua consciência, não deve haver nenhum motivo e, portanto, nenhuma direção.

Ou seja, para observarmos nossa consciência como um todo, não deve haver nenhum motivo, nenhuma direção. Você acha que isso é possível, uma vez que foi treinado para fazer tudo por algum motivo? Fomos treinados e educados para agir por algum motivo. É o que pregam as religiões e o que todo mundo diz. Mas sempre que houver um motivo, seja de dor ou prazer, recompensa ou castigo, você caminha numa direção e, conseqüentemente, não consegue visualizar o todo. Se compreender isto, você verá que na verdade não terá motivos. Não vai perguntar: "Como posso livrar-me do motivo?". Você só enxergará as coisas, na sua totalidade, quando não houver direção, quando não houver um centro a partir do qual se estabelece uma direção. O centro é o motivo. Se não houver motivo, não haverá o centro e, portanto, a direção. Tudo isso faz parte da meditação.

E agora?

Agora a mente está preparada para observar, sem movimento. Entendeu? A questão é que sempre ouviu uma autoridade e todo o resto, e neste momento encontra-se completamente sozinho para ser uma luz para si mesmo. Portanto, não vai haver nenhum impacto; a mente, o cérebro, não está registrando. Está absolutamente quieta. Em silêncio; não com um silêncio imposto ou preparado, que não significa nada, mas um silêncio que não é o resultado da interrupção de algo, do barulho. É o resultado final do nosso dia-a-dia. A vida cotidiana tem sua beleza. A beleza é parte do não-movimento. O que é a beleza? É sua descrição? É aquilo que vemos, as proporções, as alturas, as profundidades, as sombras, uma pintura ou escultura de Michelangelo? O que é a beleza? Está em nossos olhos, ali fora, ou não está em nenhum desses? Dizemos que uma coisa é bela, uma linda arquitetura, uma fantástica catedral, um quadro maravilhoso... Ou foram nossos olhos treinados para observar, enxergar que o feio é desproporcional, não tem profundidade nem estilo? A beleza está fora ou dentro dos nossos olhos, ou não tem nada a ver com um ou com outro? A beleza *está* onde não estamos. Quando você olha, é você que está olhando, que está julgando, que está exclamando: "Que beleza de harmonia", "Aquilo está tão tranqüilo, e possui tanta profundidade e grandiosidade". Tudo depende do seu olhar e da importância que dedica à cena. Mas quando você não está presente, ali está a beleza. Queremos nos expressar, porque nos traz satisfação, mas quando há beleza, ela não pode ser manifestada. A beleza pode aparecer quando nós, seres humanos, com todas as nossas tarefas, ansiedades, dor e tristeza não estivermos presentes. Então a beleza surge.

A mente agora está parada, imóvel. O que acontece quando cessa o movimento?

A compaixão é movimento? Achamos que somos piedosos quando fazemos alguma coisa pelos outros, quando vamos a uma aldeia indígena e ajudamos seu povo. Mas isso tudo são formas de sentimentalismo, afeição etc. O que estamos perguntando é algo muito mais importante. Quando não há movimento, o que acontece, o que existe? É compaixão? Ou está além disso? Ou seja, existe algo totalmente original e ainda assim sagrado? Não sabemos o que significa sagrado. Achamos que as imagens numa igreja, num templo, numa mesquita são sagradas, mas elas foram formadas pelo pensamento. O pensamento é um processo material, é movimento. Quando não houver movimento, haverá algo completamente diferente, jamais tocado pelo homem ou por qualquer movimento do pensamento? Talvez repouse aí aquilo que é original e verdadeiramente santificado.

Essa é a real meditação. Começar bem do princípio, sem saber nada. Por favor, se começar sabendo, terminará cheio de dúvidas. Se começar do zero, sem saber de nada, terminará com a verdade absoluta, com a certeza. Gostaria de saber se você conseguiu captar. Comecei declarando que é preciso pesquisar dentro de nós mesmos, e nós somos o conhecido, portanto, esvazie esse conhecido. Dessa vacuidade, todo o resto irá fluir naturalmente.

Lá onde houver o que há de mais sagrado, que é o movimento da meditação, a vida adquire um sentido completamente diferente. Jamais será superficial, *jamais*. Se conseguir isso, nada mais importa.

A dimensão que o pensamento não alcança

S EMPRE QUE viajamos para diferentes partes do mundo, encontramos mentes, desde as mais rudes às mais sutis, dedicando esforços enormes para encontrar algo sagrado, realmente santificado. Para qualquer lugar que vamos, sempre ouvimos constantes indagações a respeito da mente humana, se de fato existe alguma coisa realmente sagrada, divina, algo que não seja passível de corrupções. Como resposta a essa pergunta, os sacerdotes em todo o mundo dizem que é preciso ter fé em algo que denominam "Deus". Será que podemos descobrir a existência de Deus pelos mandamentos de determinada religião ou crença? Ou isso não passa de invenção da mente amedrontada, que vê as coisas fluírem, transitórias, e por isso buscam algo permanente, que se situe fora do tempo? Precisamos nos preocupar se de fato acreditamos ou não, porque a menos que nos enfronhemos nesse assunto, e aprendamos a seu respeito, o sentido da vida sempre será superficial. Podemos ter princípios morais – no verdadeiro sentido das palavras, sem nenhuma repressão, sem a interferência da sociedade ou da nossa cultura – e levar uma vida harmoniosa, sadia, equilibrada, sem contradições e sem medos, porém, a não ser que encontremos aquilo que a humanidade vem procurando, não importa o quanto somos virtuosos, socialmente ativos, tentando ser caridosos e assim por diante, a vida será sempre frívola. Para vivermos de acordo com os princípios morais verdadeiros e a virtude, temos de estar profundamente integrados no âmbito da ordem.

Se formos plenamente sérios, interessados de verdade no fenômeno da existência como um todo, é importante descobrirmos sozinhos se há algo inominável fora do tempo, que não tenha sido formado pelo pensamento, que não seja mera ilusão da mente humana, ansiando por experiências do além. Precisamos aprender a respeito, pois isso nos proporcionará uma surpreendente visão da dimensão da vida – não apenas em seu significado, como em toda sua beleza – na qual não existem conflitos, porém um grande senso de inteireza, de completude e total suficiência. Quando a mente obtiver essa percepção, deve naturalmente abandonar as coisas que o homem formou, às quais ele denomina divinas, juntamente com todos os rituais, crenças e dogmas a que está condicionado.

Espero que tenhamos nos comunicado e, também, que você tenha abandonado aquelas coisas não só verbalmente, mas em seu interior mais profundo, de maneira que você se torne capaz de conduzir-se sozinho, sem depender psicologicamente de nada. É bom duvidar; contudo, a dúvida deve estar sob seu domínio. Manter a dúvida inteligentemente sob seu domínio é indagar, mas duvidar de tudo não tem sentido. Se você investigou com inteligência e viu sozinho todas as sugestões de estruturas que o homem idealizou em sua ânsia de descobrir se existe ou não a imortalidade, um estado de espírito que é infinito e imorredouro, então você pode começar a aprender.

O pensamento nunca pode alcançar esse estado, pois ele não é apenas tempo e medida, mas retém todo o conteúdo do passado consciente e inconsciente. Quando o pensamento diz que vai buscar algo verdadeiro, ele projeta aquilo que considera real, e que acaba se transformando em ilusão. Quando o pensamento se dispõe a praticar uma disciplina com a finalidade de descobrir a verdade, está realizando o que a maioria dos santos, religiosos e as doutrinas realizam. Vários gurus vão lhe aconselhar a treinar seu pensamento, controlá-lo e discipliná-lo, encaixá-lo dentro de padrões que eles vão determinar, para que você finalmente se depare com o que é real. Contudo, sabe-se que o pensamento jamais poderá descobrir, porque ele é essencialmente o oposto da liberdade. Nunca poderá ser novo, e para encontrar algo que seja totalmente imperceptível, desconhecido e irreconhecível, o pensamento precisa estar em absoluta quietude.

O pensamento pode permanecer em absoluta quietude – sem nenhum esforço, sem ser controlado? Porque no momento que ele for controlado vai haver um controlador que também é criação do pensamento. Então o controlador começa a dominar seus próprios pensamentos, e surgem os conflitos que são sempre o resultado da atividade do pensamento. A mente é o resultado do tempo, da evolução; é o depósito de grandes conhecimentos, de muitas influências, experiências, que são a própria essência do pensamento. A mente pode permanecer quieta, sem ser controlada, sem disciplina, sem nenhum tipo de esforço? Sempre que há esforço, há distorção. Se você e eu entendermos isso, então seremos capazes de exercer nossas funções com equilíbrio, de modo normal e saudável em nossa vida diária, ao mesmo tempo que teremos uma extraordinária sensação de liberdade de pensamento. Agora, como isso acontece? É o que a humanidade vem buscando. Sabemos perfeitamente que o pensamento é transitório, que pode ser modificado, aumentado e que não consegue penetrar de fato em algo que seja imperceptível por quaisquer processos de pensamento. A humanidade deseja saber como o pensamento pode ser controlado, porque sabemos com certeza que só quando a mente está completamente imóvel podemos ouvir ou ver algo com clareza.

Pode o cérebro, a mente, permanecer completamente imóvel? Você já se fez essa pergunta? Se fez e encontrou a resposta, esta deve estar de acordo com o seu modo de pensar. O pensamento pode perceber sua própria limitação e, ao percebê-la, manter-se imóvel? Se você já observou sua própria mente funcionando, notou que as células cerebrais são em si mesmas o conteúdo do passado. Cada célula cerebral mantém a memória do ontem, porque esta memória dá segurança ao cérebro; o amanhã é incerto, ao passo que o ontem é certo; há segurança naquilo que é conhecido. Logo, o cérebro é o passado e, portanto, é o tempo. Só consegue raciocinar em termos de tempo: ontem, hoje e amanhã. O amanhã é incerto, mas o passado, por intermédio do presente, torna o futuro mais certo. O cérebro, que foi treinado e educado durante milênios, pode permanecer completamente imóvel? Por favor, conheça antes o problema, pois quando entendemos os problemas e todas as suas implicações com clareza, sabedoria e inteligência, a resposta está no problema, não fora dele. Qualquer problema, se você examinar bem, contém em si mesmo a solução; esta não se encontra fora dele.

Então, a questão é a seguinte: Pode o cérebro, a mente, toda a estrutura orgânica, permanecer absolutamente silenciosa? Sabemos que há diferentes tipos de silêncio. Aquele entre dois ruídos, entre duas declarações verbais, o induzido, aquele que é resultado de uma rigorosa disciplina ou controle. Todas essas formas de silêncio são estéreis. Não são o silêncio. São produtos do pensamento que *quer* ficar silencioso, mas continua dentro da área do pensamento. Como pode a mente – que representa o todo – aquietar-se sem um motivo? Se houver um motivo, ele é também produto do pensamento. Se você desconhece a resposta, alegro-me, porque esta requer total sinceridade. Para descobrirmos se existe de fato algo que foge desta dimensão, voltado para uma dimensão completamente diferente, precisamos da absoluta sinceridade; nesta não haverá decepções, porque não há desejos. No momento em que a mente *desejar* encontrar esse estado, ela vai inventá-lo, e será tomada por uma ilusão, por uma visão. Essa visão, essa experiência, será uma projeção do passado e, por mais agradável, encantadora e prazerosa que seja, ainda assim será o reflexo do passado.

Se tudo o que dissemos está claro, não só verbalmente, mas de verdade, então a questão é: O conteúdo e aquilo que compõe a consciência podem ser radicalmente esvaziados?

Todo o conteúdo interior de nossa conscientização diária é o inconsciente e o consciente: aquilo que contém o pensamento, que foi acumulado e adquirido por meio da tradição, da cultura, de lutas, sofrimentos, tristezas, decepções. A totalidade disso tudo é a minha e a sua consciência. Para descobrirmos se realmente existe alguma coisa que se situa além dessa dimensão, é preciso muita sinceridade. Sem seu conteúdo, o que é a consciência? Só conheço minha consciência em virtude do seu conteúdo. Sou hindu, budista, cristão, católico, comunista, socialista, artista, cientista, filósofo. Sou apegado à minha casa, à minha mulher, aos meus amigos. As conclusões, lembranças, imagens que construí durante cinqüenta, cem ou milhares de anos são o conteúdo. O conteúdo é minha consciência, como a sua, e a área da consciência é o tempo, porque a área do pensamento é a área da medição, da comparação, da avaliação, do julgamento. Dentro da área da minha consciência estão meus pensamentos inconscientes e conscientes. E qualquer movimento dentro dessa área estará dentro da ação da consciência com seu conteúdo. Por esse motivo, o espaço na consciência é muito limitado.

Tudo o que aprendemos juntos será seu, não meu. Quando estiver livre dos chefes, dos professores, sua mente estará *aprendendo*.

101

Portanto, haverá energia, e você ficará louco para descobrir. Mas se estiver seguindo alguém, então vai perder toda essa energia.

Dentro da área da consciência, juntamente com seu conteúdo, que é o tempo, o espaço torna-se muito exíguo. Podemos expandir esse espaço por meio da imaginação, inventando, por vários processos de estiramento, pensando mais e mais sutilmente, mais deliberadamente, e ainda assim estará dentro do espaço limitado da consciência com seus conteúdos. Qualquer movimento para ir além dele mesmo estará dentro do conteúdo. Se você usar drogas, o resultado ainda será fruto da atividade do pensamento dentro da consciência, e se pensa que está indo além, ainda está dentro, porque é apenas uma idéia ou vivência do conteúdo com mais profundidade. Então vemos o conteúdo, que é o "mim", que é o ego, que é a pessoa a quem chamamos de indivíduo. Dentro dessa consciência, embora expandida, o tempo e o espaço limitados continuam a existir. Quando a consciência emprega um esforço para alcançar algo que esteja além dela, ela inventa a ilusão. Partir em busca da verdade é absurdo. Aprendendo por intermédio de um "mestre" ou de um guru, você estará apenas praticando um método, sem conhecer todo o seu conteúdo e perceber sua frivolidade; é como pretender que um cego conduza outro cego.

A mente é seu conteúdo. O cérebro é o passado, e é a partir desse passado que o pensamento funciona. O pensamento jamais é livre ou novo. Então surge a questão: Como esse conteúdo pode ser esvaziado? Não é por meio de um método, porque na hora em que você estiver praticando um método, que alguém lhe ensinou ou que você inventou, ele se torna mecânico. Além do mais, ainda está no campo do tempo e do espaço limitados. A mente pode enxergar sua própria limitação, e a própria percepção dessa limitação pode fazer com que ela acabe? Em lugar de perguntar *como* esvaziar a mente, podemos enxergar todo o conteúdo que compõe a consciência, perceber e ouvir todos os seus movimentos, de maneira que a simples percepção desse fato é seu próprio fim? Se noto que alguma coisa é falsa, a mera percepção do falso é o verdadeiro. A mera percepção da mentira é a própria verdade. A mera percepção da minha inveja torna-me livre dela. Isto é, você só consegue ver e observar com clareza quando não existe o observador. O observador é o passado, a imagem, a conclusão, a opinião, o julgamento.

Então, a mente consegue ver claramente seu conteúdo, sem nenhum esforço, ver sua limitação, a falta de espaço, a vinculação do tempo com a qualidade da consciência e seu conteúdo? Você pode enxergar isso? Somente poderá ver o todo – o conteúdo do consciente e do inconsciente – quando olhar em silêncio, quando o observador estiver totalmente imóvel. Isto significa o emprego de muita atenção, e é nessa atenção que há energia. Considerando que você despende um esforço ao prestar atenção, esse esforço é um gasto de energia. O mesmo acontece quando tenta controlar. O controle implica conformidade, comparação, repressão, e tudo isso representa dispêndio de energia. Quando há percepção, há atenção, que é pura energia, e na atenção não há nem um sopro de perda de energia.

Agora, quando olhamos com energia todo o conteúdo da consciência e da inconsciência, a mente se esvazia. Não é ilusão. Não é o que acho ou uma conclusão a que cheguei. Se eu chegar a uma conclusão, se *achar* que isso é o certo, então estou me iludindo. E sabendo que é uma ilusão não me manifesto a respeito, porque seria como um cego conduzindo outro cego. Você vai conseguir enxergar a lógica desse fato, seu bom senso, se estiver ouvindo, se estiver prestando atenção, se realmente estiver disposto a descobrir.

Como é possível que o inconsciente exponha toda a profundidade do seu conteúdo? Primeiro, olhe para a questão e depois partiremos desse ponto. Como dividimos tudo na vida, dividimos o consciente em consciente e inconsciente. Essa divisão, essa fragmentação, é induzida por nossa cultura, por nossa educação. O inconsciente tem suas razões, sua herança racial, sua experiência. Será que isso pode ser exposto à luz da inteligência? À luz da percepção? Se você fizer essa pergunta, não estará se colocando no lugar do analista, que vai verificar o conteúdo e, portanto, provocar a divisão, a contradição, o conflito e a tristeza? Ou estará perguntando sem saber a resposta? Isto é relevante. Se está perguntando com sinceridade e seriedade, sobre como expor toda a estrutura escondida da consciência sem de fato conhecê-la, irá aprender; entretanto, se já tirou qualquer tipo de conclusão, se tem uma opinião formada, então está chegando com uma mente que já pressupôs a resposta ou concluiu que não há resposta alguma. Seu conhecimento pode ter vindo de algum filósofo, psicólogo, analista, mas não do *seu próprio* conhecimento. É o conhecimento deles e você está interpretando e tentando compreender o que não é real.

Para a mente que diz "Eu não sei" – o que é verdade, é sincero, –, o que existe? Quando você diz "Eu não sei", o conteúdo não tem a mínima importância, porque denota ser uma mente fresca. É uma nova mente que diz "Eu não sei". No entanto, ao dizer isso não só oralmente, por brincadeira, mas com intensidade, com significado, com sinceridade, esse estado mental que nada sabe está vazio de sua consciência e de seu conteúdo. O conhecimento é o conteúdo. Está vendo? Sempre que a mente diz que não sabe, ela se mostra nova, viva, atuante; é sinal de que não possui ancoradouro. É só quando possui ancoradouro que armazena opiniões, conclusões e separação. Isso é meditação. Ou seja, meditar é perceber a verdade a *cada segundo*, não a verdade definitiva. É perceber a cada instante o que é falso e o que é verdadeiro. É perceber a verdade de que o conteúdo é a consciência – isto é a verdade. Perceber a verdade de eu não saber lidar com tudo isso – essa é a verdade, o não-conhecimento. Portanto, não saber é o estado isento de conteúdo.

É extremamente simples. Você pode colocar objeções, porque esperava algo inteligente, complicado, ao ver que algo bastante simples pode ser tão fantasticamente maravilhoso.

Pode a mente, que é o cérebro, enxergar sua própria limitação, a limitação do tempo, a escravidão ao tempo e a limitação ao espaço? Enquanto vivermos dentro de um espaço limitado, dependentes do movimento do tempo, haverá sofrimento, desespero psicológico, esperança e todas as angústias que os acompanham. Quando a mente percebe essa verdade, o que é o tempo? Então vai surgir uma nova dimensão que o pensamento não consegue alcançar e, portanto, não pode ser descrita? Já dissemos que o pensamento é medição e, portanto, tempo. Vivemos em função das medidas; toda a estrutura do nosso pensamento está baseada em medidas, o que envolve comparação. O pensamento, como medição, tenta ir além de si mesmo e descobrir por si só se existe algo que não é mensurável. Perceber a falsidade que esse fato contém é a verdade. A verdade é enxergar o falso, e o falso existe quando o pensamento *procura* aquilo que não é mensurável, que não é o tempo, nem o espaço do conteúdo da consciência.

Quando fazemos todas essas questões, quando você vai aprendendo à medida que progride, então sua mente e seu cérebro se tornam extraordinariamente imóveis. Não há necessidade de disciplina, de professor, de guru ou de qualquer método para que isso aconteça. Atualmente, existem diversas formas de meditação no mundo. O homem está excessivamente ávido e ansioso para experimentar algo que ainda não conhece. Ioga agora está na moda; foi trazida para o Ocidente para tornar as pessoas saudáveis, felizes e joviais, para ajudá-las a encontrar Deus – em todos os lugares se fala disso. A busca pelo oculto também está na moda, já que é um assunto muito excitante. Para a mente de alguém que está buscando a verdade, que está tentando conhecer a vida como um todo, que vê quando o falso é falso, e a verdade no que é falso, as coisas ocultas são óbvias demais e esse tipo de mente não pode tocá-las. Não tem a menor importância eu ler seus pensamentos ou você ler os meus, poder ver anjos, fadas ou ter visões. Queremos ver algo misterioso, mas não vemos o imensurável mistério do viver, do amor pela vida. Não vemos isso e esbanjamos tempo em coisas que não têm a menor importância.

Depois que você terminou com tudo isso, vem a questão principal: existe algo que não pode ser descrito? Se você puder descrevê-lo, não será o indescritível. Existe algo que não é o tempo, que é um espaço sem limites e imensamente grande? Quando seu espaço é limitado, você se torna viciado; quando não há espaço, nos tornamos violentos, queremos quebrar objetos. Você quer espaço, mas a mente e o pensamento não lhe permitem obtê-lo. Só no silêncio existe espaço sem fronteiras. Apenas a mente completamente silenciosa é que sabe, que está ciente da existência ou não de algo que se situa além de qualquer medida.

Essa é a única coisa sagrada – não são as imagens, os rituais, os salvadores, os gurus, as visões. Somente aquilo é sagrado, o lugar em que a mente chegou sem perguntar, porque em si mesmo está vazio. Unicamente na vacuidade algo novo pode surgir.

Fontes

"Uma nova consciência" do *Krishnamurti's Journal*, 24 de setembro de 1973, © 1982, Krishnamurti Foundation Trust, Ltd.

"O milagre da atenção", de palestra em São Francisco, em 25 de março de 1975, © 1975/1998, Krishnamurti Foundation Trust, Ltd.

"Vivendo com bondade", de uma palestra em Ojai, em 7 de abril de 1979, © 1979/1998, Krishnamurti Foundation Trust, Ltd.

"Nossa luz interior", de uma palestra em Armsterdã, em 19 de maio de 1968, © 1998, Krishnamurti Foundation Trust, Ltd.

"Explore a verdade", de uma palestra em Ojai, em 16 de maio de 1982, © 1998, Krishnamurti Foundation Trust, Ltd.

"A beleza da virtude", de uma palestra em Brockwood Park, em 9 de setembro de 1973, © 1973/1998, Krishnamurti Foundation Trust, Ltd.

"A soma de toda a energia", de uma palestra em Bombay, em 5 de fevereiro de 1982, © 1982/1998, Krishnamurti Foundation Trust, Ltd.

"O eterno e atemporal sagrado", de uma palestra em Madras, em 14 de janeiro de 1979, © 1979/1998, Krishnamurti Foundation Trust, Ltd.

"O que é a criação?", de uma palestra em Brockwood Park, em 4 de setembro de 1983, © 1983/1998, Krishnamurti Foundation Trust, Ltd.

"Viver sem a ação da vontade", de uma palestra em Brockwood Park, em 3 de setembro de 1978, © 1978/1998, Krishnamurti Foundation Trust, Ltd.

"Harmonia entre o conhecido e o desconhecido", de uma palestra em Ojai, em 15 abril de 1973, © 1973/1998, Krishnamurti Foundation Trust, Ltd.

"Uma vida sagrada", de uma palestra em Saanen, em 29 de julho de 1973, © 1973/1998, Krishnamurti Foundation Trust, Ltd.

"Observação a partir de uma mente silenciosa", de um diálogo público em Saanen, em 1º de agosto de 1976, © 1976/1998, Krishnamurti Foundation Trust, Ltd.

"A iluminação não é um lugar fixo", de uma palestra em São Francisco, em 18 de março de 1973, © 1973/1988, Krishnamurti Foundation Trust, Ltd.

"O fim da busca", de uma palestra em Brockwood Park, em 2 de setembro de 1979, © 1979/1998, Krishnamurti Foundation Trust, Ltd.

"A observação pura", de uma palestra em Saanen, em 21 de julho de 1983, © 1983/1998, Krishnamurti Foundation Trust, Ltd.

"A luz não pode ser acesa pelo outro", de uma palestra em Saanen, em 25 de julho de 1976, © 1976/1998, Krishnamurti Foundation Trust, Ltd.

"A dimensão que o pensamento não alcança", de uma palestra em Brockwood Park, em 17 de setembro de 1972, © 1972/1998, Krishnamurti Foundation Trust, Ltd.

leia também

NÃO FAÇA NADA, SÓ FIQUE SENTADO
Um retiro de meditação budista ao alcance de todos
Sylvia Boorstein

Psicoterapeuta, a autora consegue trazer o budismo para o cotidiano da vida moderna. Em linguagem coloquial, ela ensina a fazer um retiro de três dias em qualquer lugar, mesmo que seja em sua própria casa. Ensina também a meditar, desmistificando a prática, conforme indica o título do livro. Excelente orientação para os iniciantes, muito prático para os iniciados.

REF. 20704   ISBN 978-85-7183-704-X

O CAMINHO QUÁDRUPLO
Trilhando os caminhos do guerreiro, do mestre, do curador e do visionário
Angeles Arrien

A principal característica do trabalho dessa antropóloga americana é estabelecer uma ponte cultural entre a antropologia, a psicologia e a religião através das tradições xamânicas. Com estilo e linguagem de um prático manual, ela mostra como a sabedoria dos povos indígenas continua sendo importante para nossa vida em família, nosso trabalho e nosso contato com a Terra.

REF. 20520   ISBN 978-85-7183-520-7

MEDITAÇÃO JUDAICA
Um guia prático
Aryeh Kaplan

Este livro, baseado na tradição e com pinceladas de transcendentalismo, é um guia essencial para a meditação judaica. Com explicações claras e exercícios fáceis de fazer, apresenta várias técnicas meditativas como mantras, contemplação, visualização e preces, permitindo ao leitor desenvolver uma conexão mais forte com seu lado espiritual.

REF. 20039   ISBN 978-85-7183-039-4